木造住宅を設計していると、「ここは一体どうやって作るのだろう?」
という疑問が頭から離れなくなることがあります。
それは時に、この木枠はどうやって固定すれば良いのだろうとか、
この階段はどう組めば良いのだろう、といったデザインとは
直接関係のないようなことにまでその疑問は及びます。

JN090540

ところが現場に入ってみたら一目瞭然。あんなに悩んだ納まりが、
目の前であっさりと組まれている様を見るとすとんと腑に落ちます。
そう、多くの現場のあれこれは百聞は一見にしかず、
知ってしまえば実に当たり前のことばかりなのです。
ところが、それを全く知らずに(知ろうともせずに)図面を描くとどうなるか?
職人さんは気の毒なことに、いつもの当たり前の仕事に、
倍以上の時間が割かれることにもなりかねません。
我々の目的は、美しく機能的な住宅を合理的に作ることであって、
現場に無駄な、あるいはのちにトラブルにつながるような作業を強いることではないはずです。

本書は木造住宅現場の施工プロセスについて、
筆者の設計による「路地の家」の現場をモデルに取り上げ、
イラストを交えながらわかりやすく時系列で解説したものになります。
その内容は、設計者が現場監理に必要な情報はもちろんのこと、
もしかしたらそれを施工する職人さんだけが知っていれば良いような
情報まで含まれているかもしれません。
なぜそこまで網羅したかというと、時に設計者は施工者と同じ目線に立ち、
ノミやカンナの代わりに鉛筆(もしくはマウス?)を握って設計をすることが、
木造住宅の設計においては特に求められるからです。
設計者は現場監督の監督であり、現場を動かすシナリオライターでもあるのです。

美しくため息のこぼれるような空間も、その裏側には適切な手順で作られた
施工計画があります。意匠と施工性、性能とが高いバランスで実現された
住宅をつくるために、木造住宅がどのように建てられてゆくのか、
そのプロセスを一緒に追体験出来たらと思います。
デザインにこだわった住宅をより地に足の付いた確かな設計とするために、
本書をどうか参考にして頂けたら幸いです。

関本竜太

工程表 006

基本図面 008

1 **敷地調査** 011

2 **基礎**（地縄〜根切）............................... 015

3 **基礎**（地業〜捨てコン）....................... 019

4 **基礎**（配筋〜打設）............................... 023

5 **建方**（土台敷き）.................................... 027

6 **建方**（1階）... 031

7 **建方**（2階）... 035

    COLUMN 1 構造露しはプレカット打ち合わせが重要 038

8 **建方**（ロフト階）.................................... 039

    COLUMN 2 小屋裏収納（ロフト）の取り扱いに注意 042

9 **建方**（小屋組）.. 043

    COLUMN 3 構造露しのバリエーション 046

10 **屋根の断熱** 047

    COLUMN 4 断熱性能とコスト 050

11 **屋根仕上げ** 051

    COLUMN 5 竪はぜ葺きの場合の端部の処理 054

12 **間柱・窓台・まぐさ** 055

13 **耐力壁** 059

14 **サッシ取り付け** 063

15 **壁通気工事・庇** 067

    COLUMN 6 外壁端部の納まりと意匠 070

16 **壁の断熱** 071

17 **設備** 075

18 **外壁下地** 079

19 **外壁仕上げ** 083

20　床仕上げ …………………………………………………… 087

21　階段 ………………………………………………………… 091

22　内部木枠・幅木 ………………………………………… 095

23　天井下地 ………………………………………………… 099

24　内部壁工事 ……………………………………………… 103

25　造作工事 ………………………………………………… 107

26　天井仕上げ ……………………………………………… 111

27　内部壁仕上げ …………………………………………… 115

28　浴室仕上げ ……………………………………………… 119

29　内部建具・家具 ………………………………………… 123

　　　COLUMN 7　家具・建具は特定の業者を使う …… 126

30　器具取り付け …………………………………………… 127

完成　外構・植栽 ………………………………………… 131

現場で喜ばれる図面の描き方 …………………………… 136

建て主を現場にお連れしよう ……………………………… 138

提案力が建て主の満足度を上げる ……………………… 140

索引 …………………………………………………………… 142

DVDの使い方 ………………………………………………… 143

STAFF

パースイラスト	ヨシザトデザイン一級建築士事務所
人物イラスト・p138イラスト	髙栁浩太郎
イラスト・図面トレース	加藤陽平・小松一平・長岡伸行・濱本大樹・若原ひさこ
協力	山崎工務店、河合建築
ブックデザイン	南 彩乃（細山田デザイン事務所）
DTP	TKクリエイト
印刷・製本	シナノ書籍印刷

お断り ＊本特集はリオタデザイン関本竜太氏が執筆・監修しています。一部、クレジット表記があるものについては、山田憲明構造設計事務所山田憲明氏の執筆・監修です（ただし、本事例「路地の家」の構造設計には関与していません）。施工手順に関する記述については、山崎工務店および河合建築の協力のもと建築知識編集部が作成しました　＊本特集で紹介している事例や図面は、施工上の都合により実際に建てられた建築物と異なる場合があります。ご了承ください　＊工事の進み方や内容は、施工方法や設計内容によって変わる可能性があります　＊作業期間・作業時間は目安です。施工方法や設計内容によって異なる可能性があります　＊写真クレジット表記がない写真はすべて、リオタデザインまたは山崎工務店撮影によるものです

工種	1st month				2nd month				3rd month			
Week no.	1	2	3	4	5	6	7	8	9	10	11	12
祭事ほか	地鎮祭						上棟式					
諸検査				P.023 瑕疵担保保険・特定行政庁配筋検査					P.051 瑕疵担保保険・特定行政庁躯体検査			
仮設工事	仮設・仮囲い					先行足場設置	屋根足場設置					
基礎工事		P.015 地縄・遣り方・根切り	P.019 砕石地業・捨てコン打設	P.023 配筋・基礎打設→養生・脱型・防水処理	埋戻し・玄関打設						P.071	
木工事					P.027-046 土台敷き〜上棟		P.047-054 屋根の断熱材充填・屋根の通気胴縁・下葺き材設置	P.055 間柱・窓台・まぐさ	P.059 耐力壁設置		P.067 外壁通気工事・内部下地工事	P.087-094 壁の断熱材充填・フローリング張り・階段取り付け
屋根板金工事								P.051 屋根仕上げ				
金属工事								各部材加工承認			P.091 階段鉄骨搬入・取り付け	
防水工事												
金属建具工事								サッシ搬入	加工承認	P.053・063 サッシ取り付け・トップライト設置		
木製建具・家具工事								採寸（外部のみ）	P.063 外部建具枠取り付け			
ガラス工事												
左官工事												
塗装工事												
内装・タイル工事												
雑工事	P.011 SWS試験						防腐防蟻剤塗布				防腐防蟻剤塗布	
住設機器工事												
給排水衛生設備工事	仮設			P.023・075 外部配管・内部逃げ配管				P.075 内部配管				P.075 内部配管
電気設備工事	仮設									P.075 内部配線		P.075 内部配線
空調設備工事												
ガス工事												
外構工事												

木造住宅できるまで 全体工程表

建て主完成検査

引渡し

定例 | 定例 | 定例 | 定例 | 定例 | 定例 | 定例 | 定例 | 定例 | 定例 | 定例

特定行政庁・指定確認検査機関検査

P.131 竣工・設計事務所完成検査

仮設トイレ移動・仮囲い撤去

P.083 足場解体

内部養生撤去

竣工の1ヶ月前

P.095 枠材加工・設置

P.099 吊木・天井野縁設置

P.095 間仕切造作・幅木設置

P.103 ボード張り

P.131 デッキテラス設置

P.131 木塀工事

P.078 大工造作

P.067 庇取り付け

金物・木塀・門扉搬入

内部金物

P.083 樋吊り

外部シーリング

網戸（玄関含む）取り付け

P.123 建具採寸

P.123 内部金物搬入

P.140 家具造作

内部建具吊り込み・内部建具仕上げ・家具調整

P.131 門・引戸取り付け

鏡採寸・取り付け

P.079 ラス張り・下塗り＋養生期間

P.079 上塗り＋養生期間

内部土間仕上げ

P.083 外部塗装

内部塗装・家具塗装

外構塗装

床・木塀・門扉塗装

下地調整

P.111-118 パテ処理→塗装・タイル・クロス張り

P.119 浴室羽目板張り・浴室タイル張り先端部

外部クリーニング

シーリング・内部クリーニング

P.131 手直し工事

P.119 ハーフUB設置

P.127 IH・食洗機搬入

住設機器搬入

P.075 内部配管

P.127 内部配管

外部配管

器具取り付け・試運転・仮設柱撤去

P.075 内部配線

P.127 内部配線

外部器具取り付け

P.127 分電盤取り付け

内部・外部器具取り付け

P.127 内部配管・配線（レンジフードなど）

P.127 外部器具取り付け

試運転

P.127 道路掘削

外部配管

試運転・つなぎ

P.131 土間・境界セットバック工事

外構・植栽工事

基本図面 1

特集の具体的工程に進む前に、基本図面を紹介する。本住宅は、省エネ区分6地域で外皮熱貫流率UA値は0.57W／㎡K。まず、図面で全体の仕様をおさえよう。

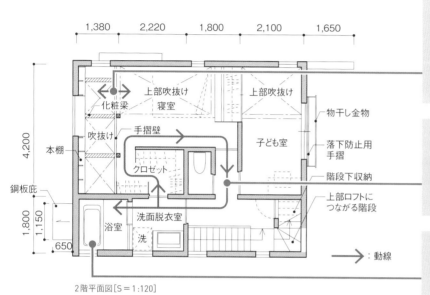

2階平面図[S＝1：120]

1階は外に開いたリビングとダイニング、2階はやや閉じた個室としている。ただし、夫婦の寝室は、3層吹抜けで1階やロフトと緩くつなぎ、音や気配を共有できるようにした。吹抜けに面した手摺壁を90°倒して床にすれば、寝室から壁面に設置した本棚にアクセスできる［内部木枠・幅木95頁、造作工事107頁］

浴室・洗面脱衣室に隣接してクロゼットを設けた。洗面脱衣室とクロゼットの間は引戸とし、寝室と廊下、洗面脱衣室が回遊動線でつながる。脱衣かごに入れる→洗う→干す（浴室）→しまう（隣接のクロゼット）の動線が簡潔にまとまるので便利

浴室は防水性を担保でき、かつ腰から上の壁仕上げや建具などを自由に決められるハーフユニットバスを採用した［設備75頁、浴室仕上げ119頁］

玄関からのアクセスは、2パターン。宅配業者などは、土間を介してキッチン方向に進んでもらう。飲料水など重い荷物を、玄関からキッチンまで靴を脱ぐことなく運んでもらえるので、便利。また、建て主が買い物から帰った際も、玄関からパントリーに直接アクセスできる。普段は玄関からリビングに直接向かう

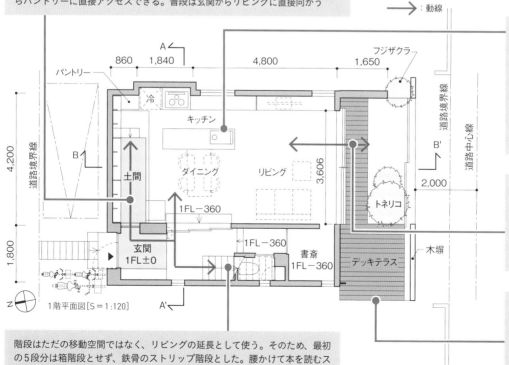

1階平面図[S＝1：120]

ダイニングで存在感のあるキッチンは家具職による製作。細部まで丁寧につくり込み、インテリアとなじませている。家の見せ場になる部分は、コストが多少かさんでも意匠性を重視したい［造作工事107頁、家具123頁］

南側にデッキテラスを設置。掃出し窓を介してリビングと外部がつながる。デッキテラスは縁側同様リビングの延長として使える［外構・植栽131頁］

南北で2項道路に接する。道路幅員が狭くセットバック（2m）で道路と距離をおくことができた南側は、外に大きく開いて開放的に見せた［敷地調査11頁］

階段はただの移動空間ではなく、リビングの延長として使う。そのため、最初の5段分は箱階段とせず、鉄骨のストリップ階段とした。腰かけて本を読むスペースとしても使える。踏み面はナラ集成材とし、ホワイトオークのフローリングと色味を合わせた［床仕上げ87頁、階段91頁］

物件基本データ

■家族構成	夫婦＋子ども1人	省エネ性能	
■敷地面積	90.93㎡	■省エネ区分	6地域
■建築面積	45.46㎡		外皮熱貫流率UA値：0.57W／㎡K
■延べ床面積	84.78㎡		
■構造	木造（在来軸組工法）		
■階数	地上2階＋ロフト		

外壁はコストと耐久性を考慮し、吹付け仕上げとしている［外壁下地79頁、外壁仕上げ83頁］

露し天井とするために、屋根断熱を採用。二重垂木にすることで、屋根断熱と屋根通気を確保しながらも、室内に美しい垂木を見せることができた［建方（小屋組）～屋根の断熱43～50頁］

ロフトの室内窓からは寝室の様子が見える［建方（ロフト階）39頁、内部建具123頁］

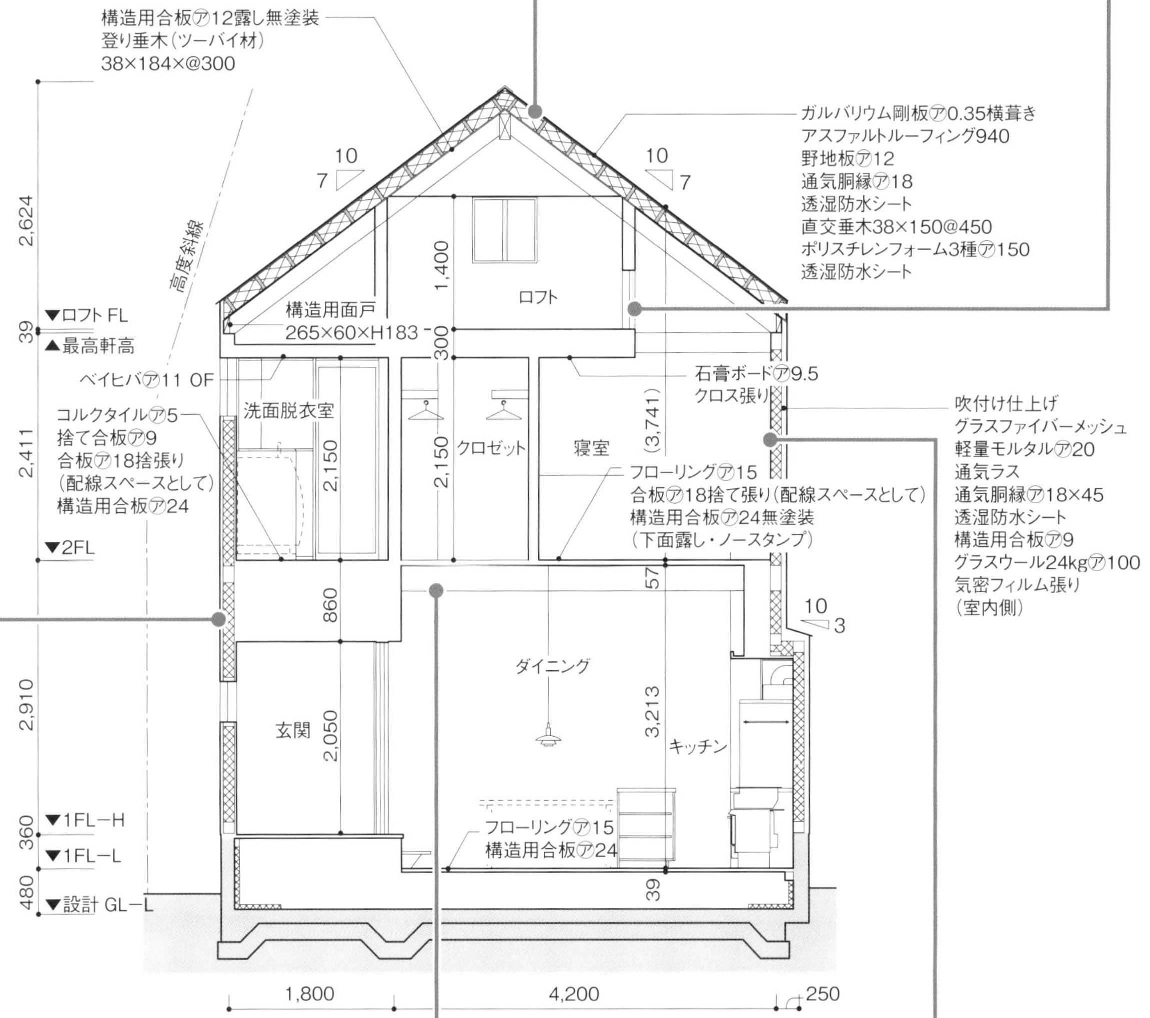

構造用合板㋐12露し無塗装
登り垂木（ツーバイ材）
38×184×@300
ガルバリウム剛板㋐0.35横葺き
アスファルトルーフィング940
野地板㋐12
通気胴縁㋐18
透湿防水シート
直交垂木38×150@450
ポリスチレンフォーム3種㋐150
透湿防水シート
10
7
10
7
2,624
高度斜線
1,400
ロフト
▼ロフトFL
39
▲最高軒高
構造用面戸
265×60×H183
300
ベイヒバ㋐11 OF
石膏ボード㋐9.5
クロス張り
洗面脱衣室
コルクタイル㋐5
捨て合板㋐9
合板㋐18捨張り
（配線スペースとして）
構造用合板㋐24
2,411
2,150
2,150
クロゼット
寝室
(3,741)
吹付け仕上げ
グラスファイバーメッシュ
軽量モルタル㋐20
通気ラス
通気胴縁㋐18×45
透湿防水シート
構造用合板㋐9
グラスウール24kg㋐100
気密フィルム張り
（室内側）
フローリング㋐15
合板㋐18捨て張り（配線スペースとして）
構造用合板㋐24無塗装
（下面露し・ノースタンプ）
▼2FL
860
57
10
3
ダイニング
2,910
玄関
2,050
3,213
キッチン
▼1FL－H
360
フローリング㋐15
構造用合板㋐24
▼1FL－L
480
▼設計 GL－L
39
1,800
4,200
250

AA' 断面図［S＝1:80］

南側より北側が400㎜高い敷地。この高低差を利用し、玄関から1段下がってリビングにアクセスする構成とし、玄関とリビングを緩く仕切った。天井高を2,050㎜に抑えた玄関に対し、構造露し天井のリビングは天井高3,213㎜。その対比によりリビングを実際より広く感じさせている。玄関の天井懐は、2階の水廻りの配管スペースになる［基礎（地縄～根切り）15頁、天井下地99頁、設備75頁］

寝室の壁と天井は白のクロス。予算が許せば塗装としたところだが、今回はその分の予算を本棚に配分した。薄い塗装調のクロスなら見栄えがよい［天井仕上げ111頁、内部壁仕上げ115頁］

Introduction

基本図面 2

通常は屋根の断熱材をグラスウールとすることが多いが、ここでは斜線をかわすため、屋根を薄くしたかった。そこで屋根は、やや高価だが薄くて性能が高いポリスチレンフォームとした。一方、壁は厚みがでても問題ないので、比較的安価なグラスウールとしている［屋根の断熱47頁、耐力壁59頁、壁の断熱71頁］

サッシの見付けを抑えつつ性能を担保するため、アルミ樹脂複合サッシ、サーモスL（LIXIL）を採用［サッシ取り付け63頁］

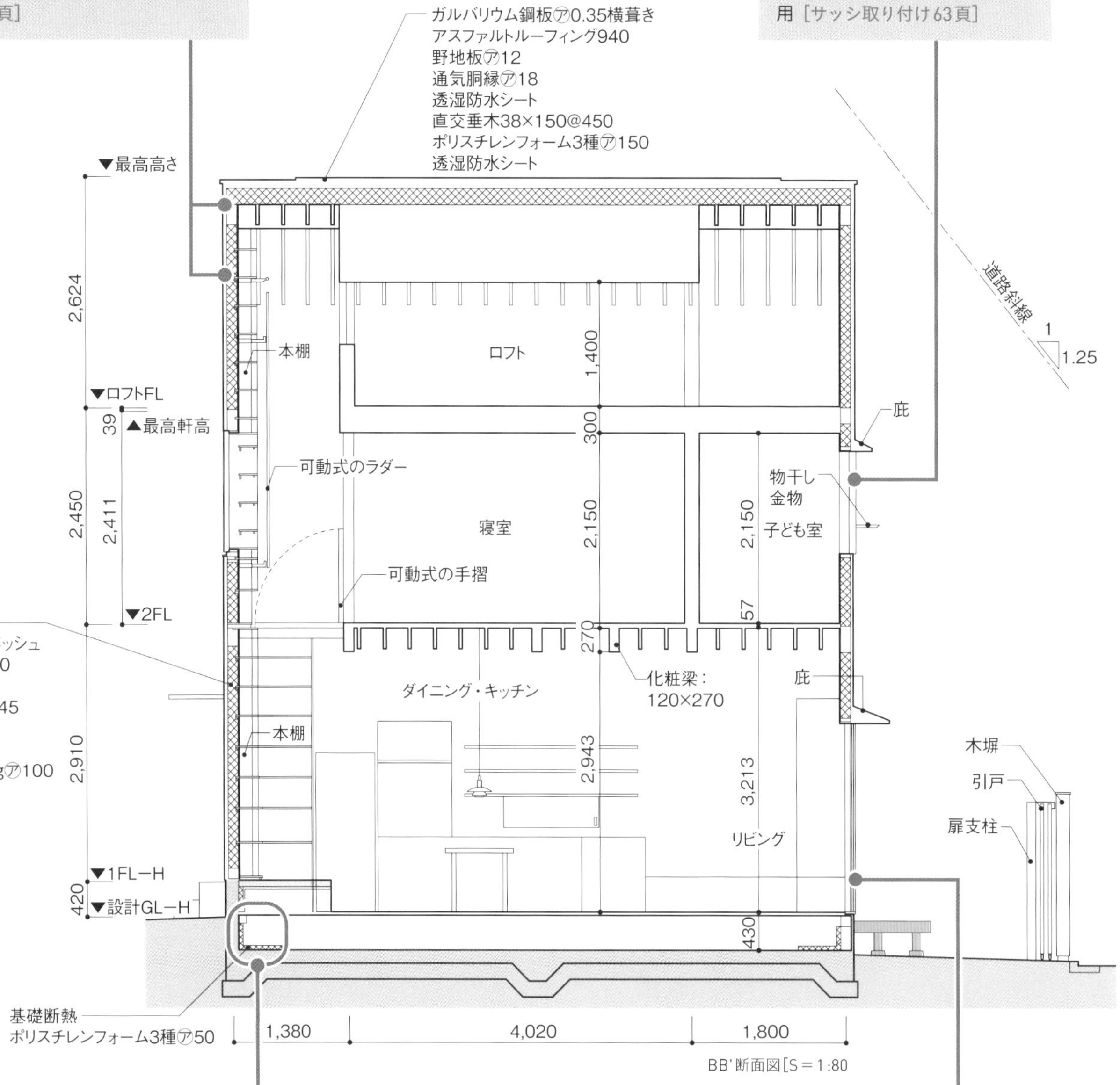

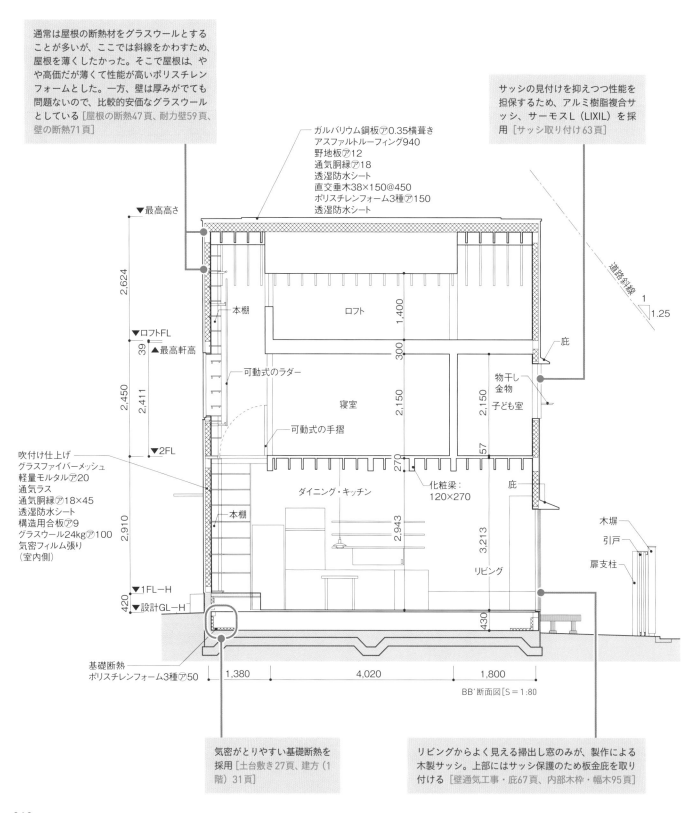

ガルバリウム鋼板㋐0.35横葺き
アスファルトルーフィング940
野地板㋐12
通気胴縁㋐18
透湿防水シート
直交垂木38×150@450
ポリスチレンフォーム3種㋐150
透湿防水シート
▼最高高さ
2,624
▼ロフトFL
39
▲最高軒高
2,450
2,411
▼2FL
2,910
▼1FL−H
420
▼設計GL−H
本棚
ロフト
1,400
300
可動式のラダー
寝室
2,150
可動式の手摺
270
57
物干し金物
子ども室
2,150
庇
道路斜線
1
1.25
吹付け仕上げ
グラスファイバーメッシュ
軽量モルタル㋐20
通気ラス
通気胴縁㋐18×45
透湿防水シート
構造用合板㋐9
グラスウール24kg㋐100
気密フィルム張り
（室内側）
本棚
ダイニング・キッチン
化粧梁：
120×270
2,943
3,213
リビング
木塀
引戸
扉支柱
430
基礎断熱
ポリスチレンフォーム3種㋐50
1,380
4,020
1,800

BB'断面図［S＝1:80］

気密がとりやすい基礎断熱を採用［土台敷き27頁、建方（1階）31頁］

リビングからよく見える掃出し窓のみが、製作による木製サッシ。上部にはサッシ保護のため板金庇を取り付ける［壁通気工事・庇67頁、内部木枠・幅木95頁］

1

敷地調査

敷地調査の目的は、敷地形状や隣地境界、周囲の建て込み状況などを把握すること。さらに搬入経路や地盤の状況を把握することが、工事の効率や安全性を向上させる。

南北で異なる顔をもつ家に

　本事例の敷地は、南北2辺で私道と接するという、やや特殊な条件であった。南側の私道（幅員4m未満）は、道路中心線から2mセットバックして建物を配置14頁**A**。生じた空地部分に面して大開口を設け、住宅の内部空間と視覚的につなげて、広がりを演出した。一方、人通りの多い北側の開口部は最小限にし、私道（幅員4m未満）に面して駐車スペースを設け、閉じた佇まいとした。南北で異なる接道条件を生かし、2つの表情をもつ建物が実現した。

　幸い、重機の搬入はすべて北側道路から行うことができた。南側の私道からも、建具や外構工事の資材の搬入は可能であった。こうした搬入経路などの周囲の状況を敷地調査で把握しておくことが、スムーズな施工につながる14頁**D**。　　　　　　　　[関本]

現場に関わる人々

現場監督

地盤調査会社

1st month

敷地調査

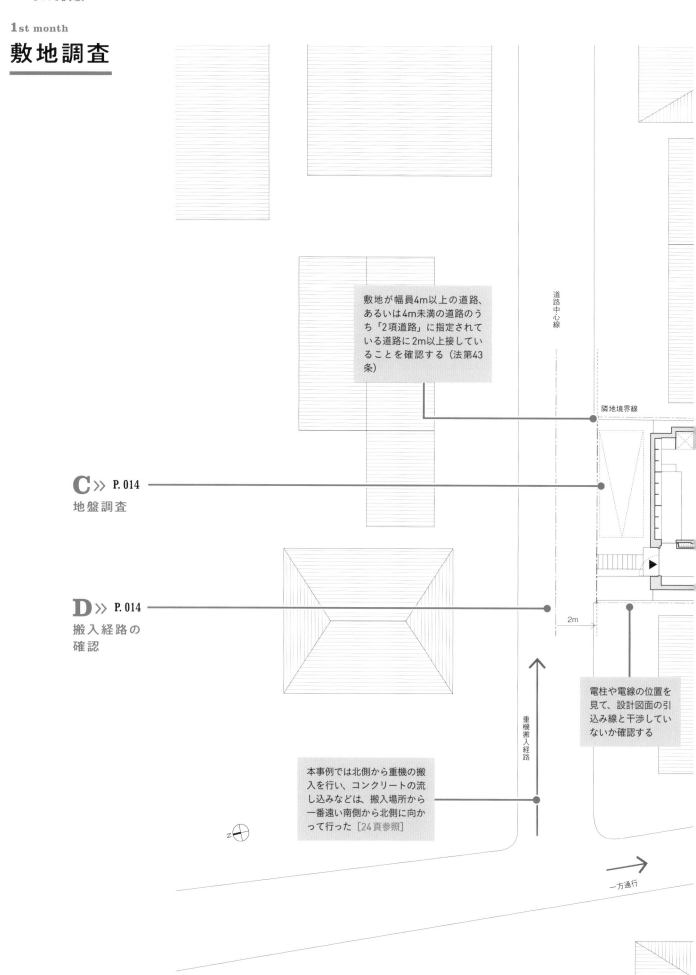

敷地が幅員4m以上の道路、あるいは4m未満の道路のうち「2項道路」に指定されている道路に2m以上接していることを確認する（法第43条）

道路中心線

隣地境界線

C ≫ P. 014
地盤調査

D ≫ P. 014
搬入経路の
確認

2m

電柱や電線の位置を見て、設計図面の引込み線と干渉していないか確認する

重機搬入経路

本事例では北側から重機の搬入を行い、コンクリートの流し込みなどは、搬入場所から一番遠い南側から北側に向かって行った [24頁参照]

z

一方通行

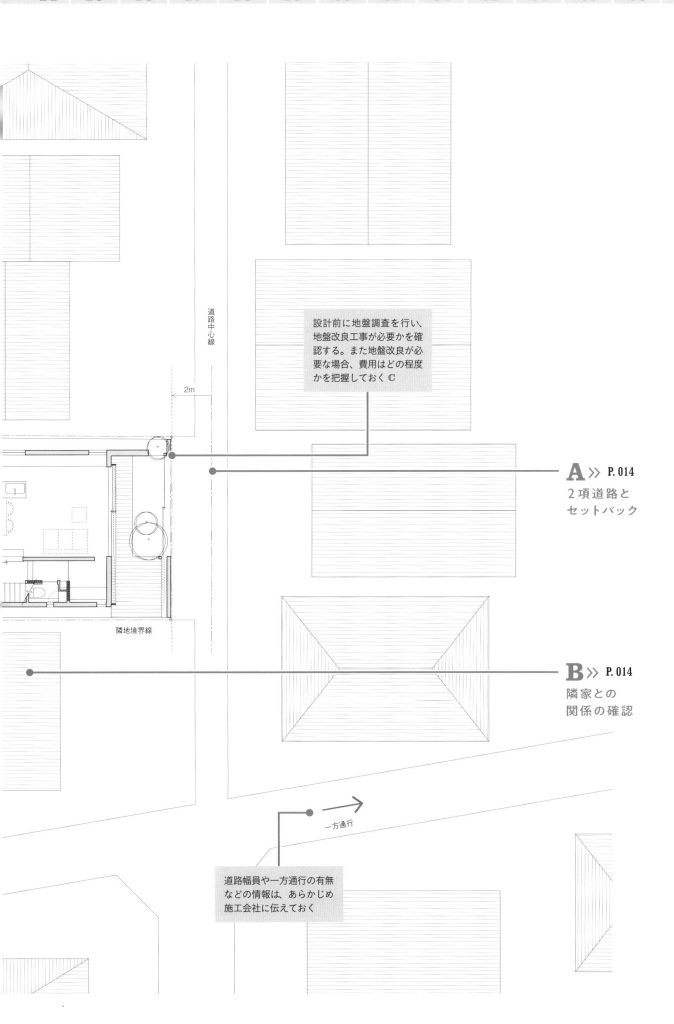

道路中心線

2m

設計前に地盤調査を行い、地盤改良工事が必要かを確認する。また地盤改良が必要な場合、費用はどの程度かを把握しておく **C**

隣地境界線

A ≫ P. 014
2項道路と
セットバック

B ≫ P. 014
隣家との
関係の確認

一方通行

道路幅員や一方通行の有無などの情報は、あらかじめ施工会社に伝えておく

敷地調査 チェックリスト

A 2項道路と セットバック

建築基準法上の「道路」は原則的に幅員4m以上のものを指すが、4m未満の道でも「2項道路」として、これに含まれることがある。2項道路の両側に建物を建てる際は、将来的に4m以上の道路にするために、道路の中心線から2mずつ後退（セットバック）した部分を敷地境界線とする。片側が線路や崖などになっていて道路を一方にしか広げられない場合は、向かい側の道路境線から4m後退した部分が敷地境界線となる

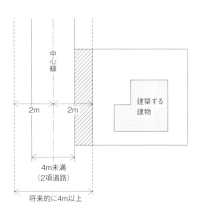

B 隣家との 関係の確認

工事中および竣工後に近隣とのトラブルが生じないよう、隣家との位置関係はきちんと把握する必要がある。チェックポイントは、隣地境界から外壁までが十分に離れているか（民法234条）[※]、隣家の開口部の位置、配水管や塀などの越境物の有無など。越境物がある場合、工事に伴う破損の可能性など、所有者と事前に協議する必要がある

C 地盤調査

地盤調査では、まず「資料調査」を行う。資料調査では、土地条件図、近隣の柱状図やSWS試験（スウェーデン式サウディング試験）データ、液状化マップなど、既往の情報を調べる。これらはインターネットや地盤調査会社、地域の行政機関で確認可能だ。それらをもとに、現地での「試験調査」項目を決定する。地表面から1〜2m程度で支持層が出ると予想される場合、支持層の深さを調べるハンドオーガーボーリングと、SWS試験を組み合わせて行えばよい。支持層が2mを超えたり液状化したりする可能性が考えられる場合、機械式ボーリングや土質試験を行う [山田]

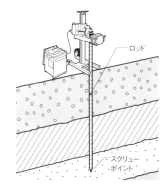

SWS試験

敷地の複数箇所の地盤を調べ、敷地全体の平面的な地層分布を調べる。ロッドという鉄の棒を地盤に鉛直に突き刺し、ロッドの沈みにくさや回転抵抗によって地盤の強度を推定する

D 搬入経路の確認

現場には、生コン車など大きな車両が2台横付けされることもある。大きな車両が待機できる場所の有無は、工事の費用や進捗に影響するため、確認が必須。また通学路や、渋滞が頻発する道路の有無など周辺状況を把握し、近隣とのトラブルを回避するよう心がけたい

※ また民法235条では、境界線から1m未満の距離に、他人の宅地を見通すことのできる開口部を設ける際には、目隠しを付けなければならないと定められている

2

基礎
（地縄〜根切）

地縄で建築物の配置出しをした後、遣り方では水平方向の位置や基礎の高さなどを示す。これらの工程が地業工事・土工事・基礎工事の基準となる。

適切な設計GLの設定

設計に際して、設計の基準となる地盤高さ（設計GL）を設定する。完全にフラットな敷地は存在しないので、建物の過半部分が地盤に接するレベルを想定して設計GLを置く。筆者は、地盤調査の際に地盤の高さなども計測してもらい、建物と接する地盤の高さを想定して設計GLを置くことが多い。木造住宅の場合、施工会社では建物周囲における精密なすりつけ［※1］を行なわないこともあるので、設計者は複数の設計GLを設定するなど、自然地形のまま施工できるよう配慮しておくとよい。本事例では敷地に南北で約400mmの高低差があり、すりつけの検討のために南北それぞれで設計GLを設定した18頁**A**。

［関本］

現場に関わる人々

現場監督

基礎職

※1 敷地の段差を解消するために、地盤面の高さを緩やかに変化させること

	1st month				2nd month				3rd month				4th month
Week no.	1	2	3	4	5	6	7	8	9	10	11	12	13

地縄・遣り方・根切り

1st month

基礎（地縄～根切）

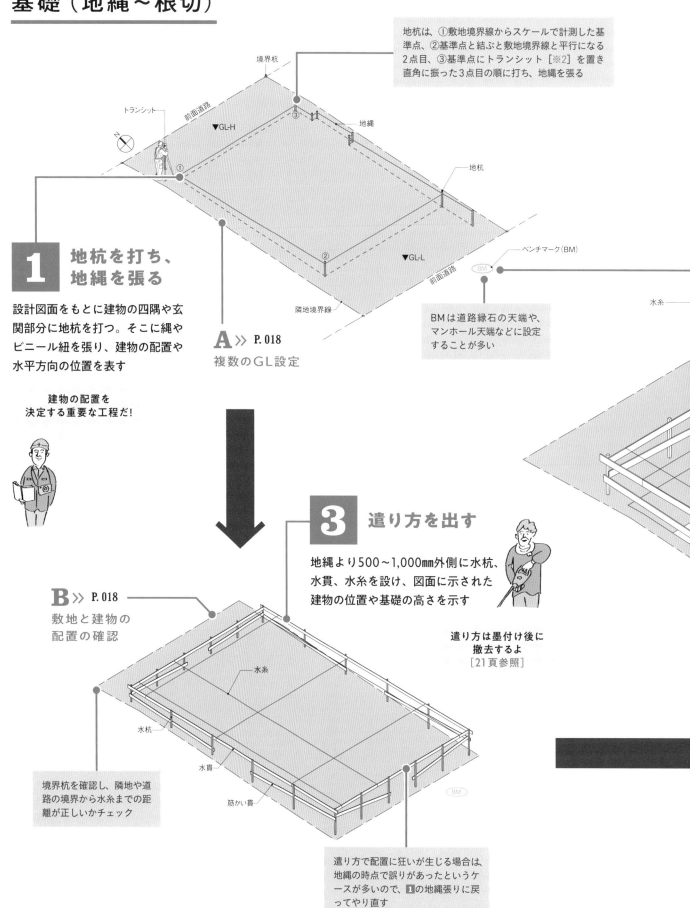

地杭は、①敷地境界線からスケールで計測した基準点、②基準点と結ぶと敷地境界線と平行になる2点目、③基準点にトランジット［※2］を置き直角に振った3点目の順に打ち、地縄を張る

境界杭

トランジット

前面道路

▼GL-H

③ 地縄

地杭

② ▼GL-L

前面道路

隣地境界線

ベンチマーク（BM）

水糸

BMは道路縁石の天端や、マンホール天端などに設定することが多い

1 地杭を打ち、地縄を張る

設計図面をもとに建物の四隅や玄関部分に地杭を打つ。そこに縄やビニール紐を張り、建物の配置や水平方向の位置を表す

A 》 P. 018
複数のGL設定

建物の配置を
決定する重要な工程だ!

3 遣り方を出す

地縄より500～1,000mm外側に水杭、水貫、水糸を設け、図面に示された建物の位置や基礎の高さを示す

遣り方は墨付け後に
撤去するよ
［21頁参照］

B 》 P. 018
敷地と建物の
配置の確認

水糸

水杭

水貫

筋かい貫

BM

境界杭を確認し、隣地や道路の境界から水糸までの距離が正しいかチェック

遣り方で配置に狂いが生じる場合は、地縄の時点で誤りがあったというケースが多いので、**1**の地縄張りに戻ってやり直す

※2 陸地測量機器。望遠鏡と角度の目盛りがついており、水平・鉛直に加えて、任意の角度を精密に計測できる

2 ベンチマーク（BM）を定める

設計GLは設計上便宜的に定めるものである。基礎工事を適切に行うためには、任意の不動点にBMを定め、そこからの高さによって正確なGLを確定する

これが敷地内での
高さの基準になる

4 根切り作業を行う

基礎をつくるために地盤面を所定の深さまで掘削する。水糸を基準に根切り底の深さを確認する

深さ・幅を
間違えないように！

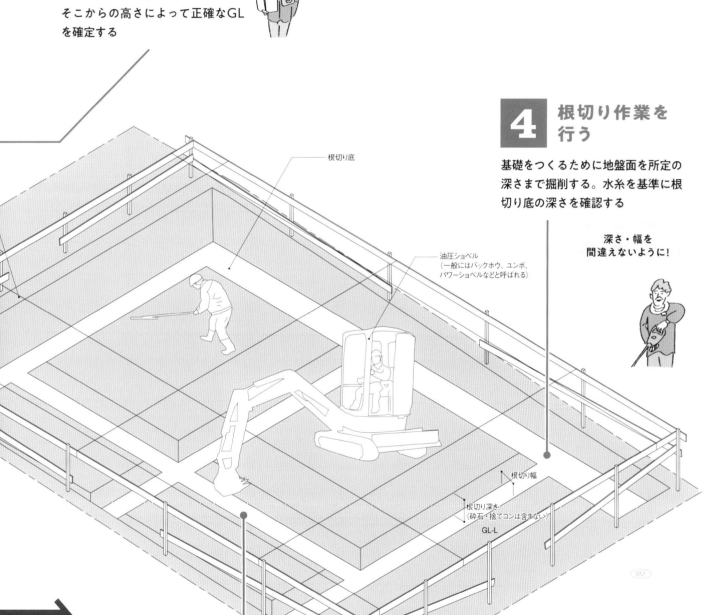

根切り底

油圧ショベル
（一般にはバックホウ、ユンボ、
パワーショベルなどと呼ばれる）

根切り幅

根切り深さ
（砕石・捨てコンは含まない）
GL-L

根切り底の深さを間違えると、建物全体の高さが狂ってしまうため、遣り方の確認と根切り底の確認は同日に行うとよい

基礎（地縄〜根切）チェックリスト

 A 複数のGL設定

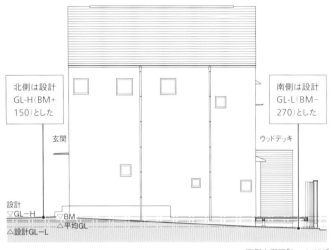

北側は設計GL-H（BM+150）とした

玄関

南側は設計GL-L（BM-270）とした

ウッドデッキ

設計▽GL-H
BM
△設計GL-L
平均GL

西側立面図[S＝1：150]

南側ウッドデッキ。本事例では北側玄関と南側ウッドデッキ両方から出入りできるよう、両面にすりつける必要があり、南北2つの設計GLを設定した　　　　[写真：新澤一平]

B 敷地と建物の
配置の確認

設計者は、境界杭の位置を確認し、水糸を手がかりに道路境界線および敷地境界線から建物四隅の通り芯までの水平距離をコンベックスなどで測定し、配置を確認する

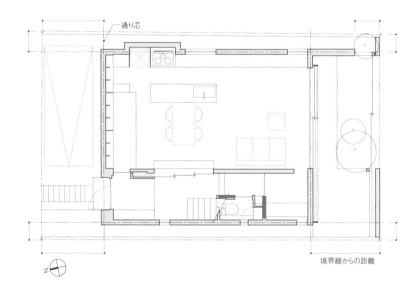

通り芯

z

境界線からの距離

 **GLからの寸法を
記録しておく**

水貫にはGLあるいはBMからどれだけ離れているかを記してある。現場に行った際には見て確認したうえで写真に記録しておくとよい

3

1st month

基礎
（地業～捨てコン）

根切り後、地盤面を砕石などで固め、捨てコンクリートを打つ「地業」を行う［※1］。地業には上部の建物の荷重を地盤に均等に伝え、不同沈下［※2］を防ぐなどの目的がある。

砕石の厚さと捨てコンの打設範囲

砕石の厚みを図面上で何mmとしておくのが適切か、疑問をもっている設計者は多いだろう。筆者は50〜150mmが適切だと考えている。まず、砕石地業の目的は、①根切りで荒れた地盤をならす、②支持層が直接基礎の床付け面［※3］より深い場合に、支持層に建物荷重を伝える、③布基礎の場合、基礎荷重を分散させるの3つ。

①だけなら、砕石の粒径や転圧回数を考慮すると、砕石厚は50〜150mmが一般的だ［※4］。②で、基礎スラブ下から支持層までが数十cmと地盤改良が不要な場合は、砕石厚を増して対応する。③に関し、直接基礎下の地盤の支持力が不足する場合は、砕石を増す。②や③で砕石厚が過大になる場合、厚さ100〜150mm程度ごとに転圧し、十分に締め固める。以上から①〜③の目的に応じて厚みを調節し、②の場合には「支持層が根切り底（底付け面）より深い場合は監理者に確認のうえ、砕石厚を増すこと」と図面に記しておくとよい。
［山田］

本事例では、捨てコンを耐圧盤全体に打設した。そうすることで、防湿フィルムを保護することができ、配筋作業もしやすくなる。しかし、捨てコンを打設するそもそもの目的は墨出しのためなので、墨出しに必要な基礎底部のみでも問題ない**A**。その場合、捨てコンの打設範囲がより狭くなり、コストを抑えられるが、防湿フィルムの欠損には注意する。
［関本］

現場に関わる人々

基礎職

ポンプ職
（コンクリート）

現場監督

※1 地盤の状態が悪ければ、地業前に地盤改良工事や杭工事を行う　※2 地盤が一方向に傾斜する、または一部が沈下すること
※3 根切り後、レベルを用いて正確に水平に仕上げた面　※4 砕石厚が150mm超では転圧回数を増やさないと締固めが不十分になる

	1st month				2nd month				3rd month				4th month
Week no.	1	2	3	4	5	6	7	8	9	10	11	12	13

砕石地業・捨てコン打設

1st month

基礎（地業〜捨てコン）

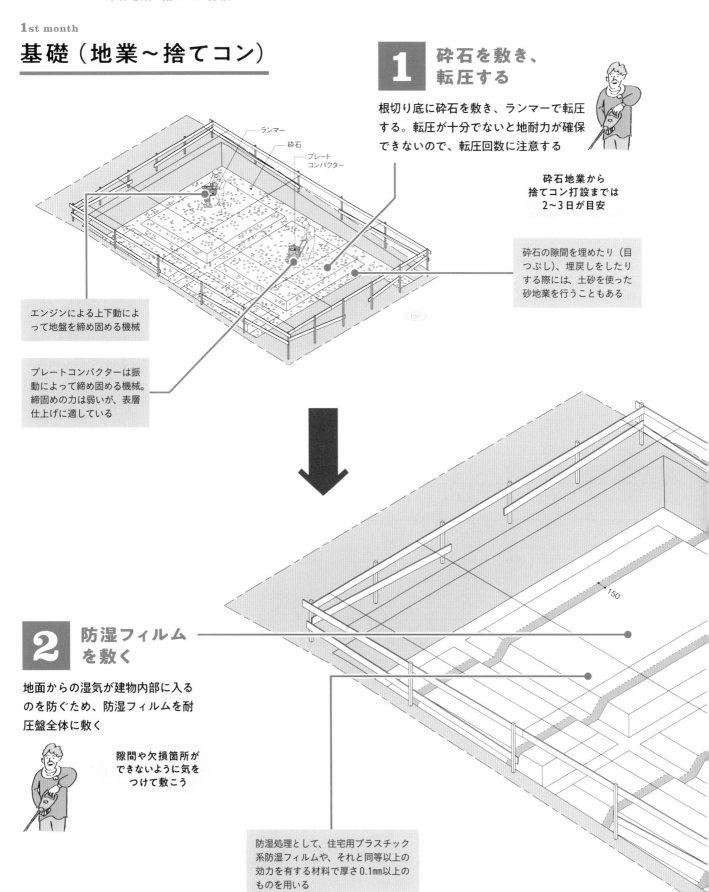

1 砕石を敷き、転圧する

根切り底に砕石を敷き、ランマーで転圧する。転圧が十分でないと地耐力が確保できないので、転圧回数に注意する

砕石地業から捨てコン打設までは2〜3日が目安

ランマー
砕石
プレートコンパクター

砕石の隙間を埋めたり（目つぶし）、埋戻しをしたりする際には、土砂を使った砂地業を行うこともある

エンジンによる上下動によって地盤を締め固める機械

プレートコンパクターは振動によって締め固める機械。締固めの力は弱いが、表層仕上げに適している

2 防湿フィルムを敷く

地面からの湿気が建物内部に入るのを防ぐため、防湿フィルムを耐圧盤全体に敷く

隙間や欠損箇所ができないように気をつけて敷こう

150

防湿処理として、住宅用プラスチック系防湿フィルムや、それと同等以上の効力を有する材料で厚さ0.1mm以上のものを用いる

3 捨てコンクリート（捨てコン）を打設する

スランプ値15~18程度のコンクリートを厚さ30~50mm程度打設する。捨てコンによって墨出しが容易になり、また基礎底面が水平になることで配筋作業がしやすくなる

捨てコンが厚すぎると、基礎全体の高さが狂うので注意

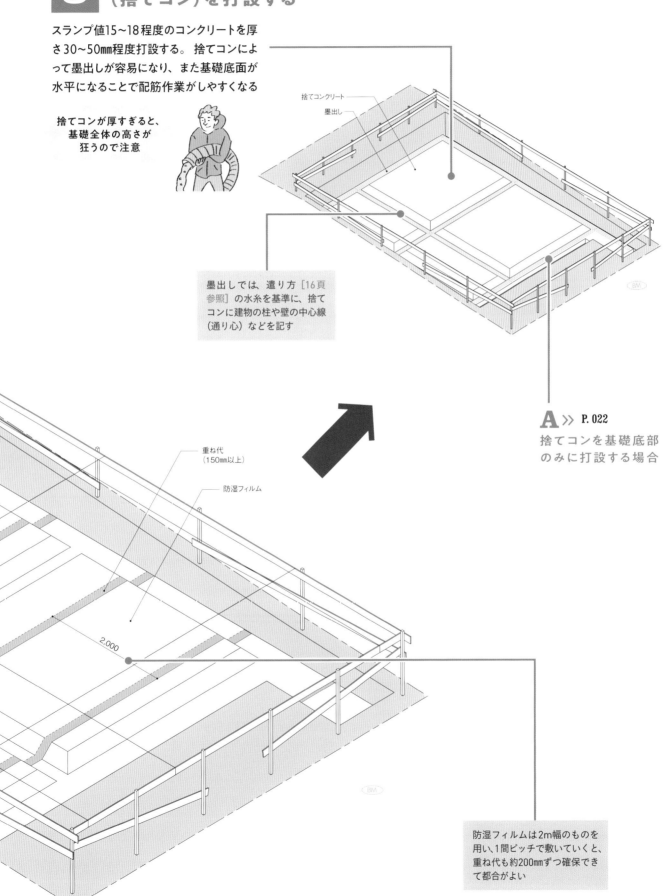

捨てコンクリート

墨出し

墨出しでは、遣り方［16頁参照］の水糸を基準に、捨てコンに建物の柱や壁の中心線（通り心）などを記す

重ね代
（150mm以上）

防湿フィルム

2,000

BM

A >> **P. 022**
捨てコンを基礎底部のみに打設する場合

防湿フィルムは2m幅のものを用い、1間ピッチで敷いていくと、重ね代も約200mmずつ確保できて都合がよい

基礎（地業〜捨てコン）チェックリスト

 A ## 捨てコンを基礎底部のみに打設する場合

捨てコンは、墨出しの下地として基礎底部のみに打設することも多い。その場合、設計図面は右図のようになる。コストの削減ができる一方で、配筋の際に防湿フィルムの上で作業することになるため、防湿フィルムに欠損箇所ができやすくなる。欠損があれば、防湿フィルム用のアクリルテープなどで補修する

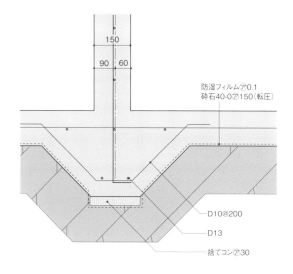

防湿フィルムア0.1
砕石40-0ア150（転圧）

D10@200

D13

捨てコンア30

基礎部分断面図[S＝1:15]

捨てコン打設後。高さの基準にもなるので水平にならして仕上げる。配筋後はこの部分に型枠を立てる

 📷

防湿フィルムの重ね代がとれているか撮影しておく

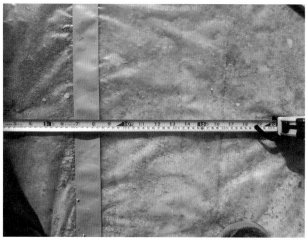

フィルムは幅150mm以上ずつ重ね代を確保し、たわみのないように敷く。孔などがあいた場合は
防湿フィルム用のアクリルテープなどで補修する

4

基礎
（配筋〜打設）

コンクリートのひび割れを防ぐための鉄筋を設置し、コンクリートを打設すれば基礎の完成である。建物全体の強度を左右する工程のため、入念な確認を。工期は約2週間。

基礎は生コンと
現場作業の質が重要

コンクリートの打設に先立ち、受け入れ検査を第三者に依頼し、生コンの品質を確認する26頁**A**。コンクリートを密実に充填し、硬化後にひび割れなどの品質不良を生じさせないためには、生コンの品質だけでなく、バイブレータによる締固めと、タンパーによるタンピングが特に重要だ。バイブレータを用いて水や空気を表面に浮き上がらせ（締固め）、タンパーで表面をたたいて、それらを除去するとともに、表面をならす（仕上げ）。なお、硬化したコンクリートは躯体からコア抜きしない限り品質をチェックできない。現場での打設・養生の工程が重要である。　　［山田］

現場に関わる人々

現場監督

基礎職

検査員

ポンプ職

コンクリート検査員

鉄筋職

	1st month			2nd month				3rd month			4th month	
Week no.	1	2	3	4	5	6	7	8	9	10	11	12	13

配筋・基礎打設→養生・脱型・防水処理・外部配管・内部逃げ配管・配筋検

1～2 month

基礎（配筋〜打設）

スペーサー
鉄筋
ボイド管

B 》 P. 026
幅方向における
アンカーボルトの
誤差の許容値

C 》 P. 026
土台用アンカー
ボルトの役割と配置

立上り部分の隅角部や交差部において、
主筋が重なる部分の長さ（定着長さ）
を主筋径の40倍確保する

1 基礎部分に配筋する

鉄筋が正しく
配置されているか
検査するよ

捨てコン打設後、配筋する。
底盤部はかぶり厚 [※1]
を確保するため、スペーサ
ーの上に鉄筋を置く。配筋
後、型枠を設置する

2 アンカーボルトと配管スリーブ設置

土台の横ずれや引き抜きを防ぐアンカ
ーボルトと、給排水管やガス管の配管
ルートを確保するボイド管（筒状の型
枠）を設置する

配管は基礎梁と
干渉しない
位置に設けよう

型枠

3 底盤にコンクリートを打設する

基礎の外周に型枠を設置し、
コンクリートを流し込む。
バイブレータで製造時や運
搬時に混入した気泡を取り
除きながら締め固める

流し込みはポンプ車
から一番遠い
ところからスタート

※1 コンクリート表面から鉄筋までの距離

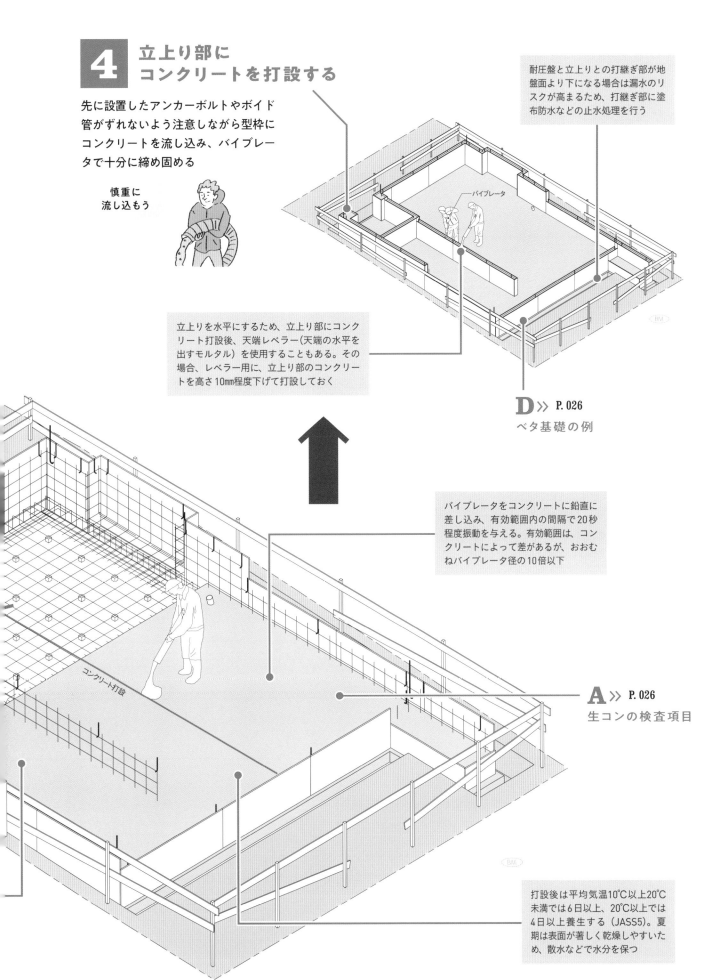

4 立上り部にコンクリートを打設する

先に設置したアンカーボルトやボイド管がずれないよう注意しながら型枠にコンクリートを流し込み、バイブレータで十分に締め固める

慎重に
流し込もう

耐圧盤と立上りとの打継ぎ部が地盤面より下になる場合は漏水のリスクが高まるため、打継ぎ部に塗布防水などの止水処理を行う

バイブレータ

立上りを水平にするため、立上り部にコンクリート打設後、天端レベラー(天端の水平を出すモルタル)を使用することもある。その場合、レベラー用に、立上り部のコンクリートを高さ10mm程度下げて打設しておく

D ≫ P. 026
ベタ基礎の例

バイブレータをコンクリートに鉛直に差し込み、有効範囲内の間隔で20秒程度振動を与える。有効範囲は、コンクリートによって差があるが、おおむねバイブレータ径の10倍以下

コンクリート打設

A ≫ P. 026
生コンの検査項目

打設後は平均気温10℃以上20℃未満では6日以上、20℃以上では4日以上養生する(JASS5)。夏期は表面が著しく乾燥しやすいため、散水などで水分を保つ

基礎（配筋～打設）チェックリスト

A 生コンの検査項目

生コンが到着したら、伝票と発注時の配合計画書が一致しているかをまず確認し、続けて受け入れ検査を行う。配合計画書には設計基準強度やスランプ値など、品質管理上重要な情報が満載。配合計画書は、設計図書との整合確認、打設日が配合の適用期間に入っているかなどを確認する　　　　　　　　　　　　　　　　[山田]

スランプ検査

生コンを型から抜いたときに頂部が何cm下がったかで、流動性と柔らかさを測定する。スランプ値は一般的に15～18で、許容値は指定数値の±2.5cm

塩化物含有量試験

一定値以上の塩化物は鉄筋のさびの要因となる。また、アルカリ金属イオンからなる塩化物は、アルカリ骨材反応の要因となる。許容値は原則0.30kg／㎥以下

空気量試験

生コン中に含まれる空気量が多いほど打設の作業性は高まるが、圧縮強度が下がる。許容値は4.5±1.5%

圧縮強度試験

おもに2つの目的で行う。1つは、型枠脱型・養生打ち切り・支保工解体・躯体強度の早期判定のため材齢28日までに目的に応じて行う。2つは、躯体強度の判定のため材齢28日で行う。いずれもテストピースを3個ずつ採取し、第三者機関で実施する

B 幅方向におけるアンカーボルトの誤差の許容値

アンカーボルトは土台の中心に設置するのが基本。日本建築学会の規準［※2］を準用すると、土台側面から最低でもアンカーボルト径の1.5倍以上、可能であればアンカーボルト径の4倍以上確保する［※2]　　　　　　　　[山田]

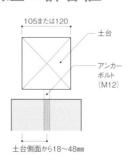

105または120
土台
アンカーボルト（M12）
土台側面から18～48mm

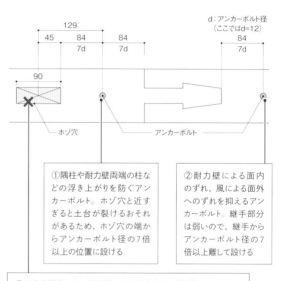

C 土台用アンカーボルトの役割と配置

アンカーボルトは土台と基礎を緊結し、上部構造にかかる力を基礎へ伝達するためのボルトである。コンクリート打設後は移動できないので、必ず打設前に位置が適正か確認する［※3］　　　　　　　　　　　　　　[山田]

129
45　84　84
7d　7d
d：アンカーボルト径（ここではd=12）
84
7d
90
ホゾ穴
アンカーボルト

①隅柱や耐力壁両端の柱などの浮き上がりを防ぐアンカーボルト。ホゾ穴と近すぎると土台が裂けるおそれがあるため、ホゾ穴の端からアンカーボルト径の7倍以上の位置に設ける

②耐力壁による面内のずれ、風による面外へのずれを抑えるアンカーボルト。継手部分は弱いので、継手からアンカーボルト径の7倍以上離して設ける

③土台中間部にも、耐力壁による面内方向の横ずれ、風を受ける外壁の面外方向の横ずれを防ぐためのアンカーボルトを設置するが、ホゾ穴や直交する土台の仕口と干渉する部分には設置しない

D ベタ基礎の例

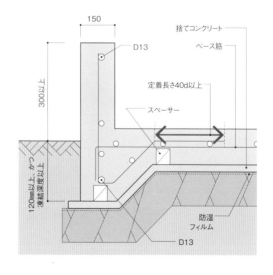

150
捨てコンクリート
D13
ベース筋
300以上
定着長さ40d以上
スペーサー
120mm以上、かつ凍結深度以上
防湿フィルム
D13

※2 国土交通省の「公共建築木造工事標準仕様書」では、アンカーボルトの埋込み位置の誤差の許容値は、特記がなければ±5mmとしている
※3 日本建築学会 木構造設計規準・同解説-許容応力度・許容耐力設計法を準用

建方
（土台敷き）

基礎の型枠が外れたら、いよいよ建方に入る。まずは土台敷き。大工2人程度で、床の断熱も同日に行う。土台敷き・断熱工事ともに所要時間は半日で、併せて1日で完了させる。

建方1日目は土台敷き

土台敷きから棟上げまでの建方は、2日間かけて行われる。1日目は土台敷きと1階床の断熱工事だ。

1階床の断熱方法として、本事例では基礎断熱（内側）を採用したが、これ以外に床断熱という選択もある。床断熱は床直下に断熱材を充填する方法で、床下は外部と考え、土台下には通気パッキンを設置して床下の通気性を確保する30頁**A**。

一方、基礎断熱では床下を室内と考え、基礎立上り側面と耐圧盤に断熱材を張り、土台下には気密パッキンを設置する30頁**B**。たとえば、OMソーラーや、床下エアコン［※］を取り入れる場合は、床下空間を利用するため基礎断熱にしなければならない。本事例は、一部のFLが土台面よりも低く床下の通気が担保できない箇所があるため30頁**C**、床の断熱は基礎断熱を採用した。

土台敷きと基礎断熱工事が終わると外部足場が組み立てられ、翌日から柱・梁の建入れに入る［32頁参照］。　　　　　［関本］

現場に関わる人々

現場監督　　　大工

鳶職

※ 壁掛けエアコンを床下に用いる暖房方法。吸込み口を1階床上に、吹出し口を床下に露し、本体廻りは密閉して床下空間に圧をかけて遠くまで温風を送り、各所に設けた床吹出し口から温風を出す

	1st month				2nd month				3rd month				4th month
Week no.	1	2	3	4	5	6	7	8	9	10	11	12	13

土台敷き・基礎断熱材張り・先行足場設置

2nd month

建方（土台敷き）

1 土台下に気密パッキンを敷く

基礎断熱（内側）。気密をとるため、土台下、つまり基礎立上り部の上面全周に気密パッキンを敷く

最近の
気密パッキンは
シート状だ

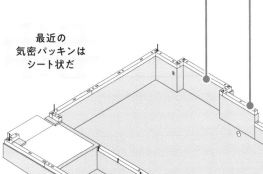

土台：ヒノキ120□

ホールダウン金物

土台下気密パッキン
（全周連続）

2 土台を敷く

あらかじめ土台の下面・側面に防腐防蟻剤を塗り（上面まで塗ることも）、番付に従い、120mm角の土台を基礎の留付け位置に並べておく。アンカーボルトは基礎コンクリート打設時に多少ずれることがあるので、現場合わせでアンカーボルト位置の墨出しを行い、土台にドリルで孔をあける。この土台を気密パッキンの上に敷き、継手を掛矢で打ち込む

防腐防蟻剤が
加圧注入された土台を
使うこともある

3 大引を架けて鋼製束を立てる

あらかじめ、大引のプレカットで記された位置に、鋼製束をビス留めしておく（後付けすることも）。その大引を番付どおりに900mmピッチで架け渡し、接合部を掛矢で打ち込む。鋼製束のターンバックルを回して高さを調整し、水平をとる。鋼製束のベースプレートに、上から専用接着剤を垂らして固定する

手に取った
材料からどんどん
架けていくぞ

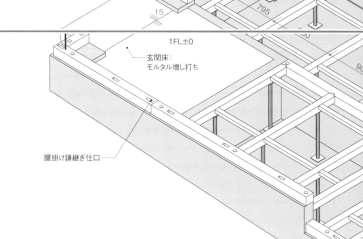

大入仕口

柱ホゾ穴

795

15

1FL±0

玄関床：
モルタル増し打ち

900

腰掛け鎌継ぎ仕口

4 床下地合板の受け材を架ける

本事例の床組は根太レス工法。場合にもよるが、一般的に床下地合板用の受け材を大引間に900mmピッチで架け渡す

大入仕口で
架けるぜ

5 断熱材を張る

ここではポリスチレンフォーム3種50mm厚の断熱材を採用。基礎立上り側面から耐圧盤にかけて、500mm程度折り返して施工する（床断熱の場合は、土台の大引にZ形の受け金物を取り付け、断熱材を隙間なくはめ込む）

熱橋に注意だ

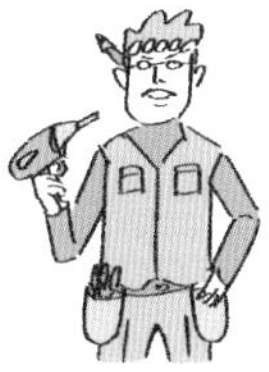

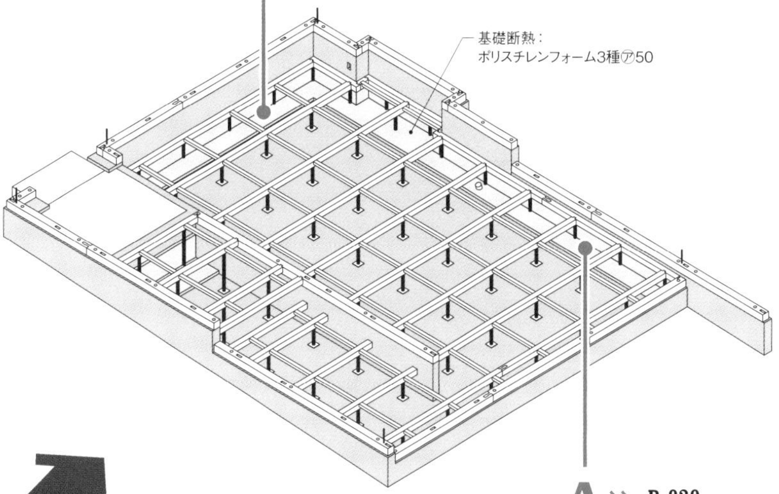
基礎断熱：
ポリスチレンフォーム3種㋐50

A ≫ P. 030
床断熱概略図

B ≫ P. 030
基礎断熱概略図

C ≫ P. 030
FLが土台面より低い場合

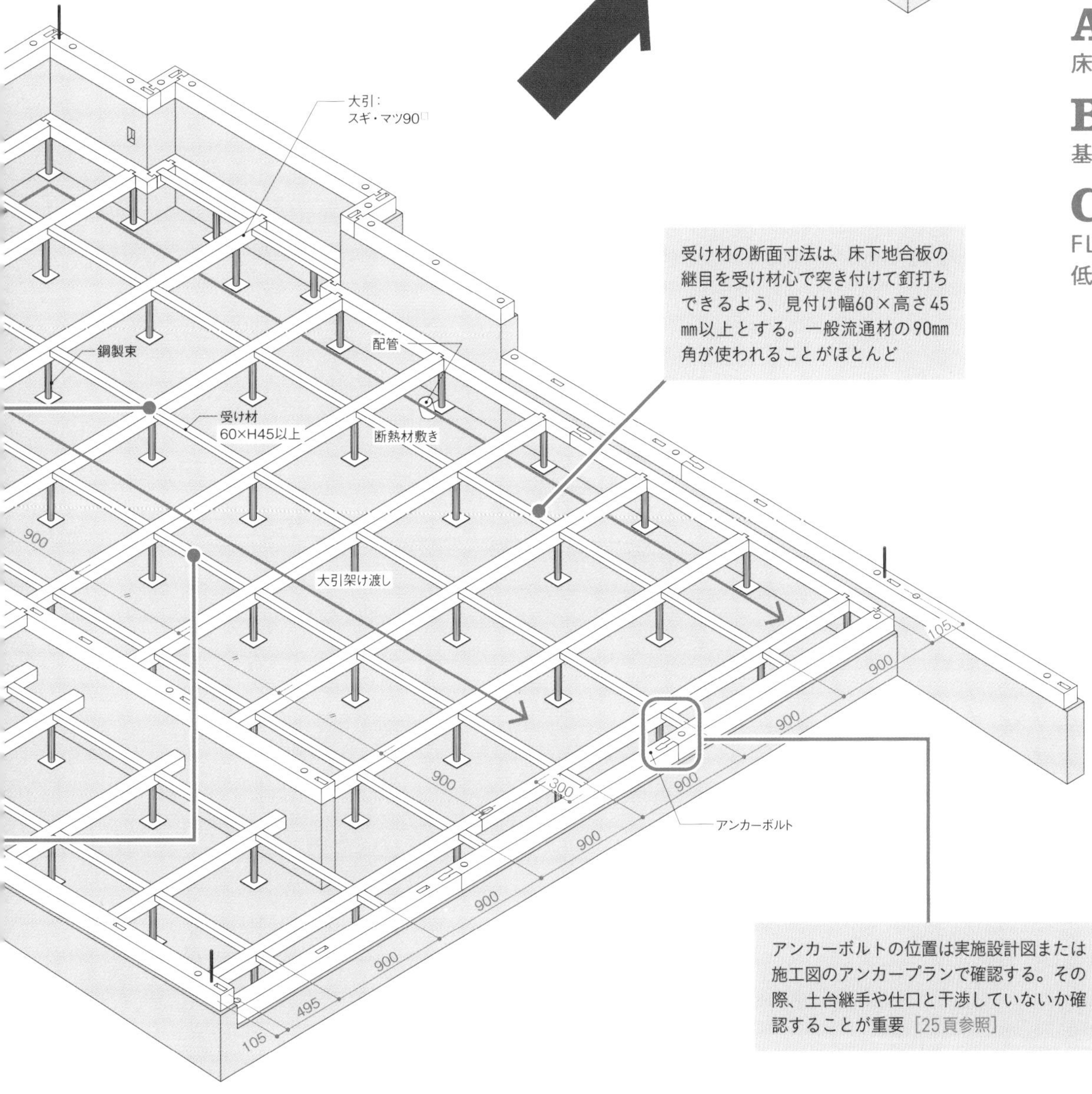
大引：
スギ・マツ90□
鋼製束
配管
受け材
60×H45以上
断熱材敷き
大引架け渡し
900
105
495
300
アンカーボルト

受け材の断面寸法は、床下地合板の継目を受け材心で突き付けて釘打ちできるよう、見付け幅60×高さ45mm以上とする。一般流通材の90mm角が使われることがほとんど

アンカーボルトの位置は実施設計図または施工図のアンカープランで確認する。その際、土台継手や仕口と干渉していないか確認することが重要［25頁参照］

建方（土台敷き）チェックリスト

 A 床断熱概略図

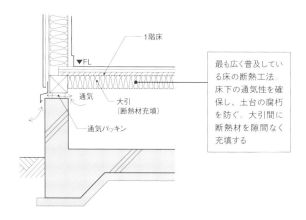

1階床
▼FL
通気
大引
（断熱材充填）
通気パッキン

最も広く普及している床の断熱工法。床下の通気性を確保し、土台の腐朽を防ぐ。大引間に断熱材を隙間なく充填する

 B 基礎断熱概略図

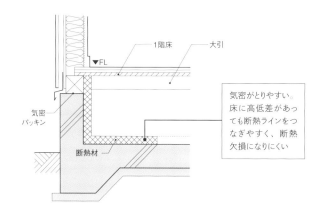

1階床　大引
▼FL
気密パッキン
断熱材

気密がとりやすい。床に高低差があっても断熱ラインをつなぎやすく、断熱欠損になりにくい

 C FLが土台面より低い場合

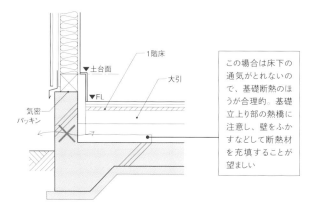

▼土台面
1階床
大引
▼FL
気密パッキン

この場合は床下の通気がとれないので、基礎断熱のほうが合理的。基礎立上り部の熱橋に注意し、壁をふかすなどして断熱材を充填することが望ましい

納品された木材に間違いがないか照合する

現場に納品された材料に間違いがないかをプレカット図と照合する。小さな敷地では、材料は建物内とレッカー車に置いて作業を進める

建方 （1階）

土台敷きが終わった翌日（予備日を設けた場合は数日後）は、一気に構造材が立ち上っていく。棟上げまでは約6時間。建方には最低4人、多くて6人の鳶・大工で取り組む。

床組の計画

　床組には、根太工法と根太レス工法の2種類があるが、筆者は2階以上の床は根太レス工法の剛床34頁**A**を標準としている。施工が比較的容易なことに加え、天井懐の高さを小さく抑えられるので、天井を高くしたり階高を抑えたりしやすいからだ。

　1階の床は、土台とベタ基礎が緊結されている構造ならば、必ずしも剛床である必要はない。1階を根太床にすれば、2階にキッチンや浴室などの水廻りを配置したときの壁内隠蔽配管を、根太懐に通して床下にまわせるというメリットがある。

　今回の場合は、高基礎であることから、どちらにせよ隠蔽配管を床下にまでまわすことができない。そのため1階床も施工性のよい根太レス工法とした。　　　　　　　[関本]

現場に関わる人々

現場監督　　　大工　　　鳶職

| | 1st month | | | | 2nd month | | | | 3rd month | | | | 4th month |
| Week no. | 1 | 2 | 3 | 4 | 5 | 6 | 7 | 8 | 9 | 10 | 11 | 12 | 13 |

1階柱建入れ・床下地合板張り・防腐防蟻剤塗布

2nd month

建方（1階）

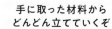

手に取った材料から
どんどん立てていくぞ

1 1階柱を立てる

土台のホゾ穴に管柱・通し柱のホゾを差し込み、掛矢で打ち込む。柱の地盤面から1mの高さまで、防腐防蟻材剤を塗っておく

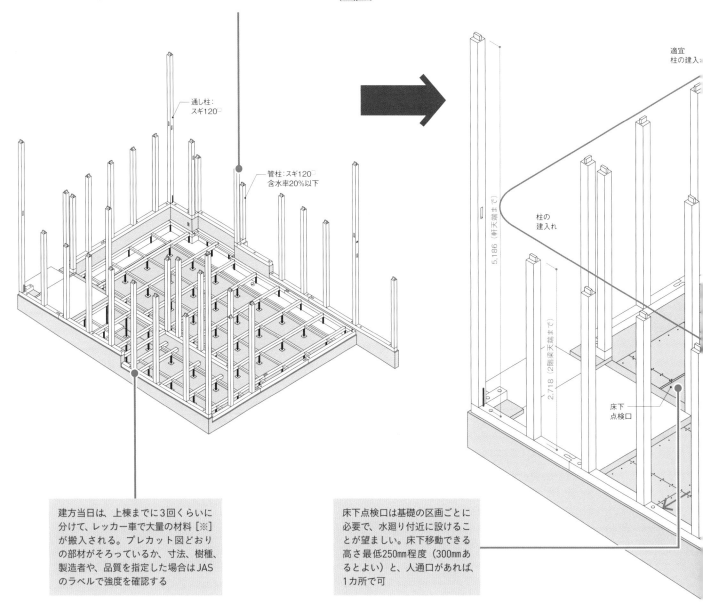

通し柱：
スギ120□

管柱：スギ120□
含水率20%以下

5,186（軒天端まで）

2,718（2階梁天端まで）

適宜
柱の建入

柱の
建入れ

床下
点検口

建方当日は、上棟までに3回くらいに分けて、レッカー車で大量の材料［※］が搬入される。プレカット図どおりの部材がそろっているか、寸法、樹種、製造者や、品質を指定した場合はJASのラベルで強度を確認する

床下点検口は基礎の区画ごとに必要で、水廻り付近に設けることが望ましい。床下移動できる高さ最低250mm程度（300mmあるとよい）と、人通口があれば、1カ所で可

床下地合板は事前にプレカット工場で、サイズ加工、柱などと干渉する部分の切削加工が施される。納品される合板は番付されているので、その番付どおりに並べる

※ 防腐防蟻剤・土台・大引・基礎パッキン・鋼製束・構造用金物・床下地合板・透湿防水シート・断熱材・シーリング・養生シート・柱・筋かい・梁・羽柄材・窓台・まぐさ・間柱・足場材・外壁下地合板・野縁・小屋梁・小屋組・垂木・野地板・天窓など

2 1階床下地合板を張る

床下地合板を番付どおりに、大引と直交するように千鳥に置き並べる。重い合板の位置調整は、掛矢で横からたたいて行う。すべて並べ終えたら、N75またはCN75釘を用いて、150㎜以下ピッチで留める。配管などがある箇所は、後で合板を外せるようにビスで仮留めし、配管工事終了後、釘で本締めする

端の列から順に
張っていくぞ。
釘打ちはばか棒を
使うと速い

A >> P. 034
根太レス工法と床倍率

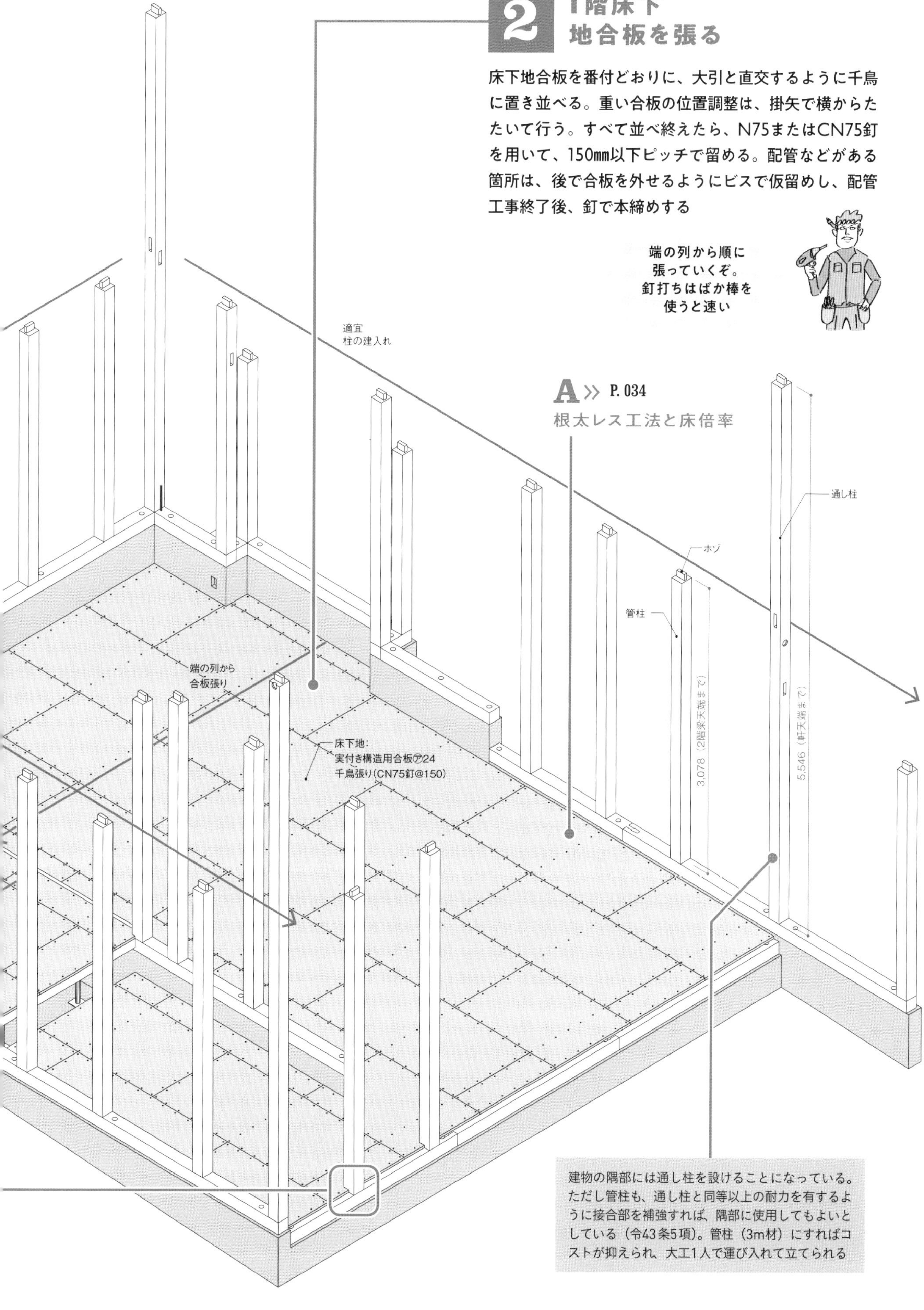
適宜
柱の建入れ
通し柱
ホゾ
管柱
3,078（2階梁天端まで）
5,546（軒天端まで）
端の列から
合板張り
床下地：
実付き構造用合板㋐24
千鳥張り(CN75釘@150)

建物の隅部には通し柱を設けることになっている。ただし管柱も、通し柱と同等以上の耐力を有するように接合部を補強すれば、隅部に使用してもよいとしている（令43条5項）。管柱（3m材）にすればコストが抑えられ、大工1人で運び入れて立てられる

建方（1階）チェックリスト

A 根太レス工法と床倍率

剛床とは、床面や屋根面の面内方向の変形に対する剛性が「剛」、つまりまったく変形しないと考えてよい程度に剛性の高い床のことである。では、木造における剛床とは、どの程度の仕様なのだろうか。耐力壁の仕様、量、配置で相対的に判断されるので、床組だけの明確な指標はないが、木造2階建て住宅の一般的なスパンであれば、床倍率が1～2以上あれば十分だろう。ただし、耐力壁間の距離が大きかったり、吹抜けなどで床が大きくあいたりする場合は、剛床とみなさないこともある　　　［山田］

床倍率は、構造用合板の厚みだけでなく、釘径とピッチ、そして継目部分に受け材を入れたことによる面内せん断力の途切れにくさが大きく影響する

床組などの構造方法	存在床倍率
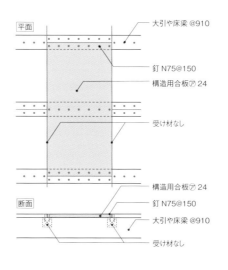	**3**　受け材を入れると厚物構造用合板が四周で釘打ちできるため、床倍率が上がる。合板の継目が梁や受け材に釘で固定されるため、実付き合板を用いる必要はない
	1.2　受け材がないと厚物構造用合板の長辺部分の釘打ちができないため 受材がある場合に比べて床倍率が下がる。また、床鳴り防止のために実付き合板を用いる

住宅の品質確保の促進等に関する法律より

📷
1階柱が立った状態
→ここから上棟までは
当日中に終わる

1階の柱が立った状態。建方は当日中に完了させるため、手際よく進められる

建方
（2階）

作業は2階横架材→床下地合板→柱と進んでいく。高所作業が始まるので安全には十分に注意を払いたい。高所への材料持ち上げは、レッカー車を利用する。

架構計画は意匠に影響する

　1階の天井と兼ねる2階床梁は、ツーバイ材（38×238mm）を細かく300mmピッチで架け渡し、強度を高めるとともに、繊細な印象を与えた。筆者はこのほか、60×180@455や45×120@303の梁露しもよく利用する。

　梁を露すと天井懐がなくなってしまうが、照明器具などを設置したい場合は、捨て張り合板で配線スペースを確保するとよい［88・96頁参照］。

　架構計画は、フローリングの張り方向との関係にも注意したい。基本的に、横架材、床下地合板、フローリングは、強度を得るために直交させて重ねる。つまりフローリングの張り方向と直交するよう、床下地合板や横架材の方向を計画することが望ましい。［関本］

現場に関わる人々

現場監督　　大工

鳶職

| | 1st month | | | | 2nd month | | | | 3rd month | | | 4th month |
| Week no. | 1 | 2 | 3 | 4 | 5 | 6 | 7 | 8 | 9 | 10 | 11 | 12 | 13 |

2階横架材架け渡し・床下地合板張り・柱建入れ

2nd month

建方（2階）

1 2階胴差と床梁を架ける

1階柱の建入れがすべて終わると、横架材の架け渡しに移る。胴差・床梁を番付どおりに架けていき、梁どうしの継手や柱のホゾ部分を掛矢で打ち込む。このとき1階では、下げ振りを用いて柱の垂直をとり、仮筋かいで柱・梁を留める

番付を間違えると
組めないぞ

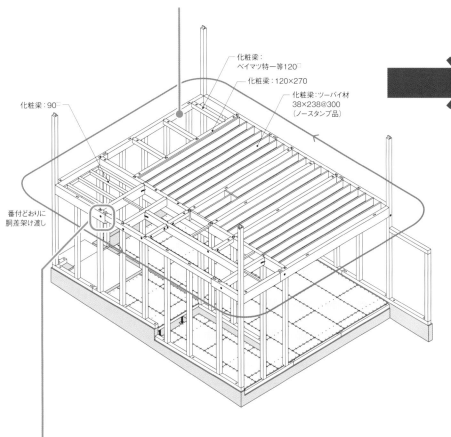

化粧梁：90□

番付どおりに
胴差架け渡し

化粧梁：
ベイマツ特一等120□
化粧梁：120×270
化粧梁：ツーバイ材
38×238@300
（ノースタンプ品）

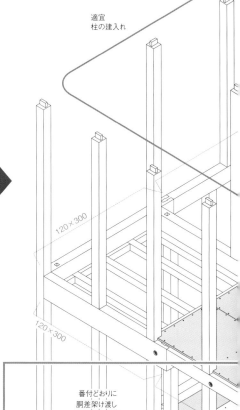

適宜
柱の建入れ

120×300

120×300

番付どおりに
胴差架け渡し

2 梁接合金物を取り付ける

横架材をある程度架け終えたら、梁接合金物（引きボルトや羽子板ボルト）を順次取り付ける。羽子板ボルトはプレカット図に記載されないこともあるので、取り付け方と取り付け位置について、施工者と打ち合わせておく

漏れなくな!

A ≫ P. 038
梁接合金物

3 2階床下地合板を張る

2階床は根太レス工法の剛床［34頁参照］。24mm厚構造用合板を番付どおりに、床梁と直交するよう千鳥に置き並べる。重い合板の位置調整は、掛矢で横からたたいて行う。すべて並べ終えたら、N75またはCN75釘を用いて、150mm以下ピッチで留める。釘打ちは、構造上は必要なくとも、反り・むくりと床鳴りを防ぐためにすべての材料（存在する梁・根太・受け材）に行う

1階と同様に端の列から
順に張っていくぞ。
釘打ちはばか棒を
使うと速い

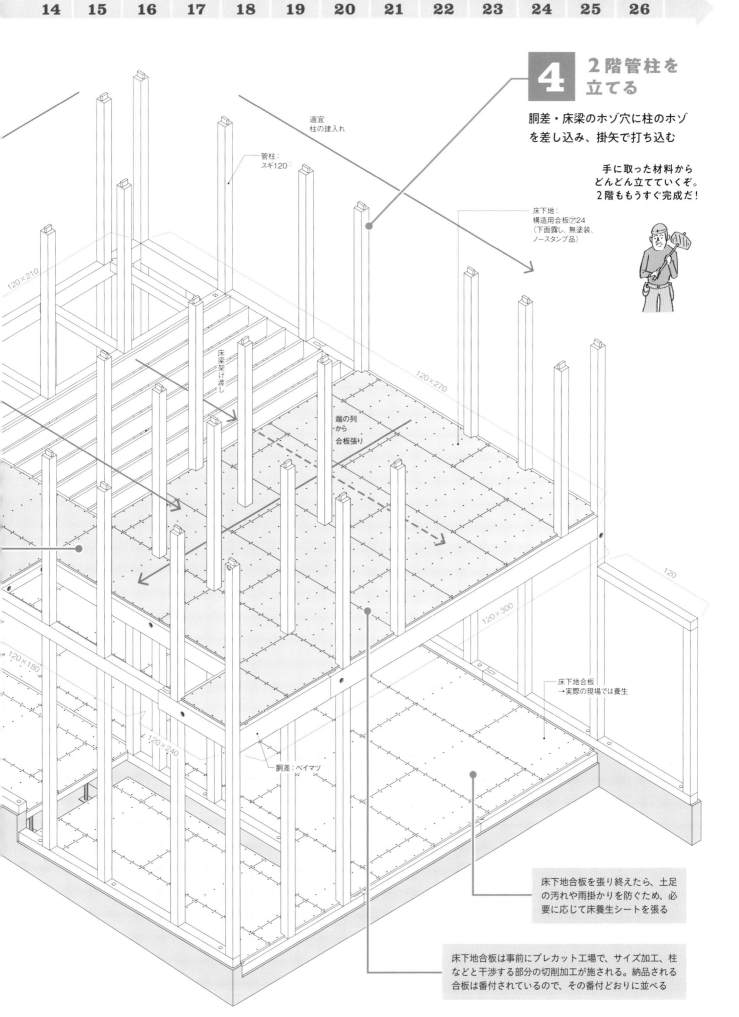

4 **2階管柱を立てる**

胴差・床梁のホゾ穴に柱のホゾを差し込み、掛矢で打ち込む

手に取った材料からどんどん立てていくぞ。2階ももうすぐ完成だ！

適宜柱の建入れ

管柱：スギ120□

床下地：構造用合板ア24（下面露し、無塗装、ノースタンプ品）

120×210

床梁架け渡し

端の列から合板張り

120×270

120×300

120×180

120×240

胴差：ベイマツ

120

床下地合板→実際の現場では養生

床下地合板を張り終えたら、土足の汚れや雨掛かりを防ぐため、必要に応じて床養生シートを張る

床下地合板は事前にプレカット工場で、サイズ加工、柱などと干渉する部分の切削加工が施される。納品される合板は番付されているので、その番付どおりに並べる

建方（2階）チェックリスト

A 梁接合金物

大梁と小梁などのT字形仕口の場合、通常は腰掛け蟻や大入れなどの仕口加工を施したうえで、抜け防止用に羽子板ボルトを取り付ける　　　　　　　　　　[山田]

羽子板ボルト

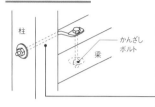

> 柱
> かんざしボルト
> 梁

> 最近はビスで直接横架材に取り付けるタイプの羽子板ボルト製品がある[※]。これはプレカット工場でボルトの孔あけ加工を行わないことが多いため、プレカット図に記載されないことも

引きボルト

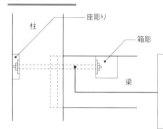

> 柱
> 座彫り
> 箱彫
> 梁

> 金物を見せないようにする方法として、引きボルトがある。引きボルトは製品ではなく、一般的なボルトや座金を使って接合する

見せない金物
隠し金物

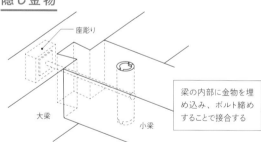

> 座彫り
> 大梁
> 小梁

> 梁の内部に金物を埋め込み、ボルト締めすることで接合する

梁受け
金物

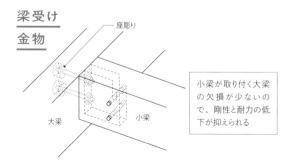

> 座彫り
> 大梁
> 小梁

> 小梁が取り付く大梁の欠損が少ないので、剛性と耐力の低下が抑えられる

COLUMN 1

構造露しはプレカット打ち合わせが重要

構造表しの床や天井は、意匠の見せ場になる。細部にも気を配って美しく仕上げたい

1 合板の表面は下向きに施工する

2階床（1階天井）の構造用合板を露しにする場合は、節の少ない合板の表面が下向きになるように張る。これは図面特記に加え上棟時の作業段取りにも絡むため、プレカット打合せの際にも監督とも共有しておくとよい。

2 合板のスタンプは現場納品前に消しておく

合板やツーバイ材には、節の少ない表面には品質を示すためのスタンプが押してある。合板を化粧使いする際には、これを必ず消すことを忘れずに。これをどの段階で消すのかもプレカット打合せでの確認事項だ。上棟後現場でサンダーを使って消すこともできるが、手間もかかり現場には嫌がられる作業になる。なるべく上棟時の現場納品前に、プレカット業者側でスタンプを消しておいてもらう。

3 梁と垂木との取り合いは手加工で整える

露しの梁に垂木が差し込まれる場合は、その仕口を美しく見せたい。プレカットではルータービットを用いて欠き込み加工されるが、指示がないと写真のように角にルーターが回転する際にできる角アールができてしまう（通称隠れミッキー）。その場合は手加工で仕口を整えるひと手間が必要になる。こちらもプレカット打合わせ段階で、当該箇所を示して加工方法を共有しておきたい。

※「ビス羽子板金物・Ⅱ」（BXカネシン）、「ビスどめ羽子板〈匠〉」（タナカ）など

建方
（ロフト階）

軒桁、妻梁、小梁を架け渡し、ロフトの床下地を張っていく。あっという間に建物の構造が建ち上がった。職人たちの手早い作業に目を見張る！

小屋裏の利用法と
水平構面

　切妻の中央にロフトを配置したのは、天井高を少しでも高く確保するため42頁 **A**。また、ロフトの廻りには下階の壁面本棚、寝室、子ども室とつながる構造露しの吹抜け［114頁参照］を設けた。吹抜けをすっきり見せるため火打ち梁は使用していない。

　通常の和小屋形式では、火打ち梁を設けて地回り（建物全体を一周する軒桁と妻梁）レベルの水平構面をつくるが、小屋梁露しにする場合は、意匠的に火打ち梁を設けたくないもの。そこで、地回りレベルに配置したロフト床に構造用合板を張ることで、火打ち梁を使うことなく、水平構面を確保した。また本事例は、屋根面でも水平構面を確保している［44頁参照］。　　　　　　　　　　［関本］

現場に関わる人々

現場監督　　大工

鳶職

1st month					2nd month				3rd month			4th month
Week no.	1	2	3	4	5	6	7	8	9	10	11	12	13

軒桁・小屋梁・ロフト床下地合板

2nd month

建方（ロフト階）

1 軒桁と妻梁と小梁を架ける

2階柱の建て込みがすべて終わると、横架材の架け渡しに移る。軒桁、妻梁、小屋梁を番付どおり順に架けていき、梁どうしの継手や柱のホゾ部分を掛矢で打ち込む。このとき2階では、下げ振りを用いて柱の垂直をとり、仮筋かいで柱・梁を留める

番付を間違えると
組めないぞ

妻梁：ベイマツ

化粧梁：
ベイマツ特一等
120×210

受け材：
60×H45

120×240

小屋梁
架け渡し

番付どおりに
地回り架け渡し

軒桁：ベイマツ

A ≫ **P. 042**
ロフト平面図

2 横架材の金物を取り付ける

横架材をある程度架け終えたら、梁接合金物（引きボルトや羽子板ボルト［38頁参照］）を順次取り付ける。羽子板ボルトはプレカット図に記載されないこともあるので、取り付け方と取り付け位置について、施工者と打ち合わせておく

位置に問題なし！

| | | | 5th month | | | | | 6th month | | | | 7th month | |
| 14 | 15 | 16 | 17 | 18 | 19 | 20 | 21 | 22 | 23 | 24 | 25 | 26 |

3 ロフト床下地合板を張る

ロフト床は根太レス工法の剛床［34頁参照］。24mm厚構造用合板を番付どおりに、床梁と直交するよう千鳥に置き並べる。重い合板の位置調整は、掛矢で横からたたいて行う。すべて並べ終えたら、N75またはCN75釘を用いて、150mm以下ピッチで留める

1階・2階と同様に端の列から順に張っていくぞ。釘打ちははか棒を使うと速い

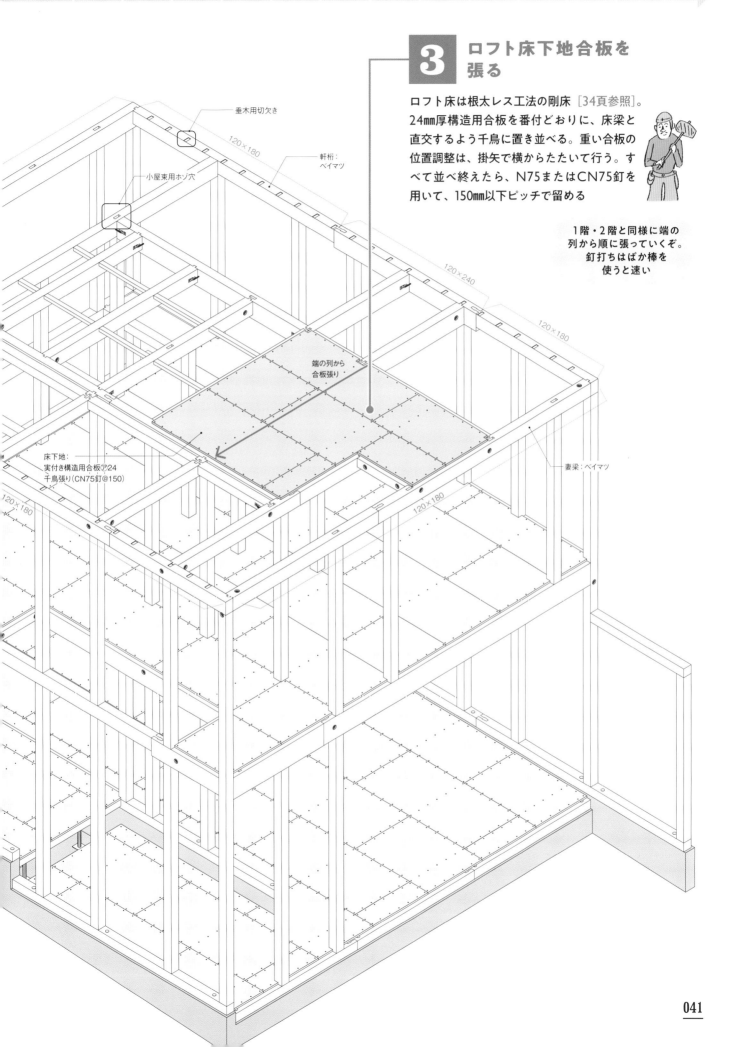

垂木用切欠き

120×180

軒桁：ベイマツ

小屋束用ホゾ穴

120×240

120×180

端の列から合板張り

床下地：
実付き構造用合板ア24
千鳥張り（CN75釘@150）

妻梁：ベイマツ

120×180

120×180

建方（ロフト階）チェックリスト

A ロフト平面図

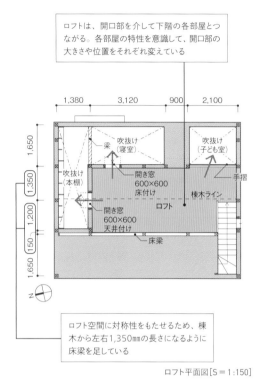

ロフトは、開口部を介して下階の各部屋とつながる。各部屋の特性を意識して、開口部の大きさや位置をそれぞれ変えている

ロフト空間に対称性をもたせるため、棟木から左右1,350㎜の長さになるように床梁を足している

ロフト平面図[S＝1:150]

📷 上棟まであと一歩！

ロフトまで組みあがったら、次は上棟までの準備。現場にクレーン車が入って棟木を吊り、所定の位置に組み込む軒桁・棟木間に登り梁を架けたところ。

[44頁参照]

COLUMN 2

小屋裏収納（ロフト）の取り扱いに注意

小屋裏収納の取り扱いは、特定行政庁により異なる。都心部では、条件が厳しくなるところもあるので事前に確認しておきたい。下記は杉並区の小屋裏収納のおもな取り扱い。

1 小屋裏収納等の床面積は対象階の1/2未満

2 最高高さは1.4m以下とする

3 収納の階段形式は、可動式階段およびはしご程度とする（固定階段は床面積に算入）

4 小屋組の横架材間の長さ≦各階の横架材間の長さ

5 開口部は収納面積の1/20以下

6 アンテナ・LAN・空調等は認めない

7 階段の途中から入れるものおよび床レベルの横入等、横からは入れるものは認めない

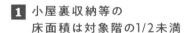

1階床面積…S_1	横架材間距離	$a+b+c<S_2 \times 1/2$	$h \geqq 2.1m$
2階床面積…S_2	…J_1およびJ_2	$a+b+c<S_2 \times 1/2$	$j \geqq J_1$かつJ_2
小屋組の高さ…j		$a+b+c<S_2 \times 1/2$かつ$S_1 \times 12$	

建方
（小屋組）

小屋組が完成したら、ひとまず建方は完了！　建方が始まってから約6時間。通常はこのまま屋根下地工事へと移る。屋根下地工事は約2時間で完了する。

構造露しにする際の注意点

　この小屋組は、小屋梁に小屋束を立て、化粧の登り垂木を架けるという、和小屋形式と登り梁形式のハイブリッド構造だ。構造材を露しにするということは、合板も露しとなる。合板には表面と裏面があり、節が少なくきれいな表面を室内側にするよう［※］、事前に施工者と打ち合わせておくとよい。また、照明などの配線工事は、屋根を閉じる前に行わなければならない。直付けにする照明の配灯位置などは、事前に天井伏図に明記しておこう。

　構造については、和小屋形式かつ屋根面で水平構面を固める場合は、屋根と外壁をつなぐ構造用面戸46頁Aを取り付ける。　［関本］

現場に関わる人々

現場監督　　大工

鳶職

※ ただし、表面にはJAS認定のスタンプが押されている。これを消すには、プレカットの段階で削って納品してもらうようにする

| | | 1st month | | | | 2nd month | | | | 3rd month | | | | 4th month |
| Week no. | **1** | **2** | **3** | **4** | **5** | **6** | **7** | **8** | **9** | **10** | **11** | **12** | **13** |

小屋組・野地板張り・上棟

2nd month

建方（小屋組）

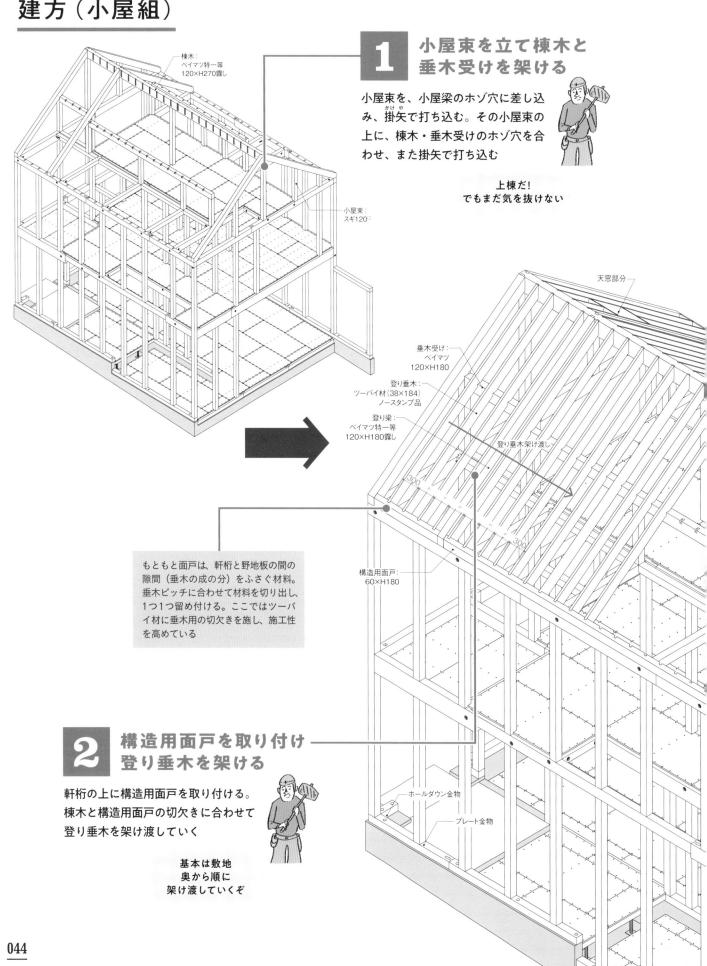

棟木:
ベイマツ特一等
120×H270露し

小屋束:
スギ120□

1 小屋束を立て棟木と垂木受けを架ける

小屋束を、小屋梁のホゾ穴に差し込み、掛矢で打ち込む。その小屋束の上に、棟木・垂木受けのホゾ穴を合わせ、また掛矢で打ち込む

**上棟だ！
でもまだ気を抜けない**

天窓部分

垂木受け:
ベイマツ
120×H180

登り垂木:
ツーバイ材（38×184）
ノースタンプ品

登り梁:
ベイマツ特一等
120×H180露し

登り垂木架け渡し

構造用面戸:
60×H180

もともと面戸は、軒桁と野地板の間の隙間（垂木の成の分）をふさぐ材料。垂木ピッチに合わせて材料を切り出し、1つ1つ留め付ける。ここではツーバイ材に垂木用の切欠きを施し、施工性を高めている

2 構造用面戸を取り付け登り垂木を架ける

軒桁の上に構造用面戸を取り付ける。棟木と構造用面戸の切欠きに合わせて登り垂木を架け渡していく

**基本は敷地
奥から順に
架け渡していくぞ**

ホールダウン金物

プレート金物

3 野地板を張る

上棟したら雨から守るため素早く屋根を閉じる!

屋根面で水平構面をつくるため、12㎜厚構造用合板を使用。足場の確保と施工性から、基本は下の列から順に張り上げていき、一番上の列で間崩れを吸収する。残り寸を墨出しして切り出し（プレカット工場に依頼することも可能）、張る。ただしここでは、二重垂木［52頁参照］の割付けに合わせるため、下の列を間崩れさせている。N50またはCN50釘を用いて、150㎜以下ピッチで留める。釘打ちは、構造上は必要なくとも、反り・むくりと床鳴りを防ぐためにすべての材料（存在する梁・垂木）に行う

4 雨天に備え防水用シートを張る

この後も工事は屋根断熱、屋根仕上げと続くため、途中で雨が降ったときに備えて雨天防水用シートを張る

現場によってはブルーシートをかぶせることも

A » P. 46
屋根の水平構面と耐力壁をつなぐ

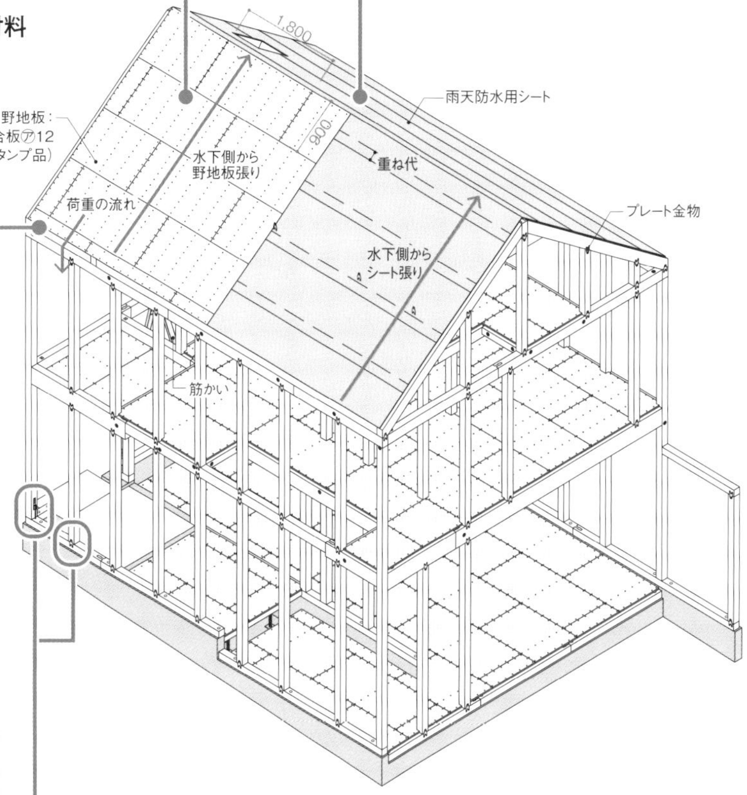
1,800
900
野地板：
構造用合板㋐12
（室内側露し、無塗装、ノースタンプ品）
水下側から
野地板張り
荷重の流れ
雨天防水用シート
重ね代
プレート金物
水下側から
シート張り
筋かい

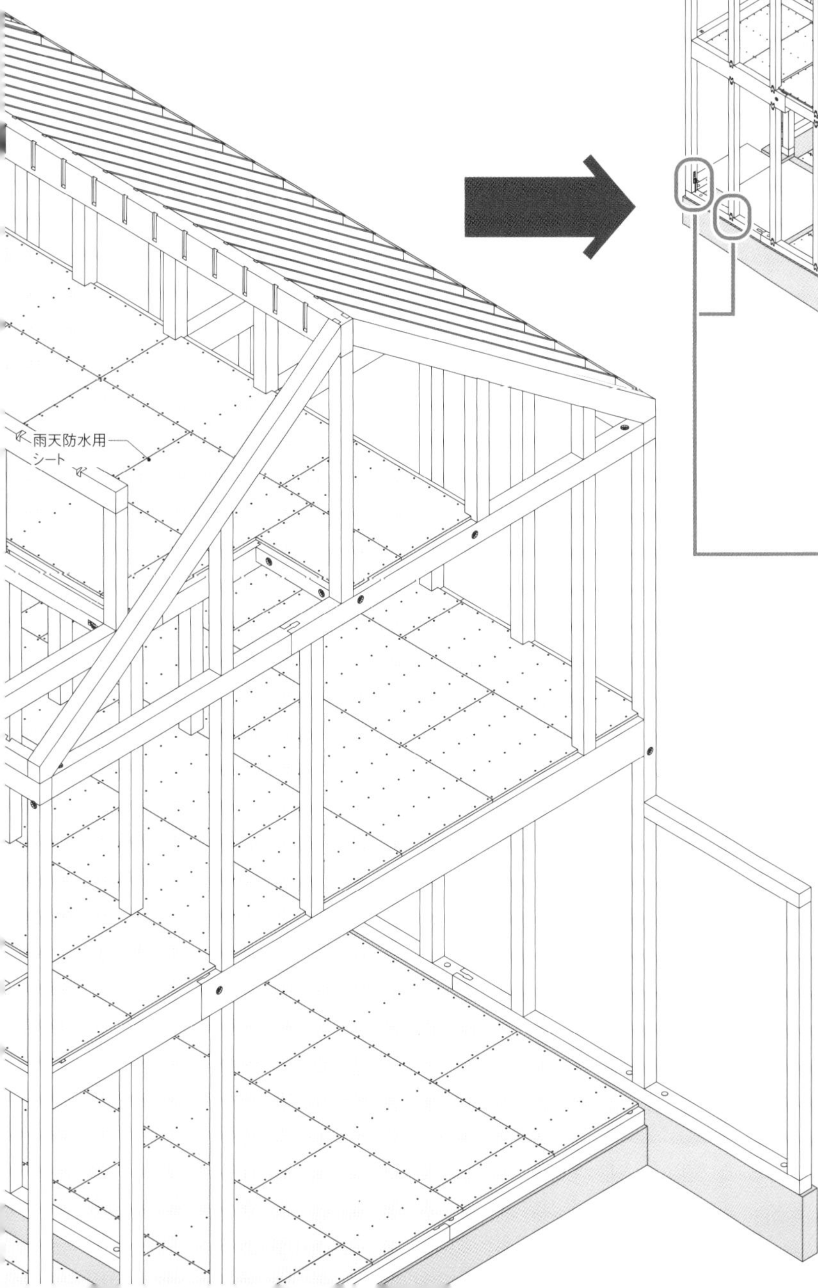
雨天防水用
シート

5 本筋かいと残りの構造用金物を取り付ける

野地板張りが完了してから、下げ振りを用いて柱などの垂直を正し、本筋かいと残りの構造用金物（プレート金物やホールダウン金物）を取り付ける。これらの金物はプレカット工場で穴あけ加工を行わないため、プレカット図に記載されない。取り付け方と取り付け位置は現場で確認する

漏れなくな!

建方（小屋組）チェックリスト

 A 屋根の水平構面と
耐力壁をつなぐ

和小屋形式は、小屋梁の上に小屋束を立てて母屋と垂木で構成された屋根面を支える小屋組である。そのため、軒桁通りを除き、屋根面と2階の柱・耐力壁とがつながらない。つまり地回り（建物全体を一周する軒桁と妻梁のこと）を境に構造がやや不連続になる。和小屋形式では、この不連続を解消する工夫が求められる　　　［山田］

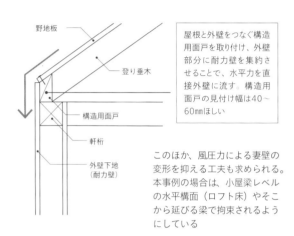

野地板
登り垂木
構造用面戸
軒桁
外壁下地
（耐力壁）

屋根と外壁をつなぐ構造用面戸を取り付け、外壁部分に耐力壁を集約させることで、水平力を直接外壁に流す。構造用面戸の見付け幅は40〜60mmほしい

このほか、風圧力による妻壁の変形を抑える工夫も求められる。本事例の場合は、小屋梁レベルの水平構面（ロフト床）やそこから延びる梁で拘束されるようにしている

 登り垂木と棟木の継手まで
美しく見せる

棟木から登り垂木のツーバイ材を架け渡しているところ。化粧とする場合は、登り垂木と棟木の継手部分まで美しく見せたいが、プレカットでは下木となる棟木の仕口の角に丸い穴（ルーターの回転径）［38頁COLUMN1参照］が残ってしまう。これを避けるには、手加工にしてもらうなど、事前の打ち合わせが必要だ

構造露しのバリエーション

「路地の家」では、厚み38mmのツーバイ材を300mmピッチで配置している。
筆者は、コストや意匠を考慮して、屋根架構には下記部材の組み合わせを採用することが多い。

ツーバイ材38×184 @300（「路地の家」で採用）

〈メリット〉
■製材に比べ省コスト
■見付けが小さく天井を軽やかに見せられる
■ラフでカジュアルな空間イメージ

〈デメリット〉
■節が多く、品質にばらつきがある
■化粧の場合はスタンプを消す必要がある

杉製材45×180@303

〈メリット〉
■木目が美しく、品質も安定している
■寸法を自由に設定できる
■品の良い端正な空間イメージ

〈デメリット〉
■材の指定によっては高コストになることがある

木質ハイブリッド梁（LVL（国産カラマツ）30×200ダブル＋FB-6×200）@900

〈メリット〉
■大スパンを飛ばすことが出来る
■大屋根を軽やかに見せることができる

〈デメリット〉
■高コストになる
■構造設計者による計算や監修が必須となる

屋根の断熱

勾配天井で構造露しとするため、屋根の断熱は外張り工法とした。垂木を直交させて二重にし、断熱材を張り、その上に透湿防水シートを張る。ここまで大工2人で約8時間だ。

構造露し天井の断熱は？

屋根の断熱は、天井断熱と桁上断熱、屋根断熱の3種類に大別できる。天井を水平に仕上げる場合は、天井または桁の上に断熱材を充填するほうが、屋根断熱に比べて屋根の見付けを薄くでき、都心部で斜線制限が厳しい場合にも有効だ。

一方、勾配天井の場合は、垂木や登り梁間に断熱材を充填する屋根断熱を採用する。さらに本事例のような構造露しにするには、垂木を二重に重ね、外部側の垂木間に断熱材を張る50頁**A**。ただし、二重垂木は材積が多くなるのでコストには注意。断熱材を外部から施工することにもなるので、施工中の雨天には注意が必要だ。　　　　　［関本］

現場に関わる人々

現場監督　　大工

	1st month				2nd month				3rd month				4th month
Week no.	1	2	3	4	5	6	7	8	9	10	11	12	13

屋根の断熱材充填・屋根足場設置・上棟式

2nd month

屋根の断熱

1 二重垂木を架ける

登り垂木と直交するように、横垂木を野地板に釘で留め付ける。横垂木の継目は列ごとに適宜ずらす

垂木の成は
断熱材の厚みに
合わせてな!

2 通気胴縁用の下地を入れる

後で通気胴縁を留め付ける［52頁参照］ための下地。横垂木の転び留めにもなる。横垂木に釘で留め付ける

いつでも丁寧に

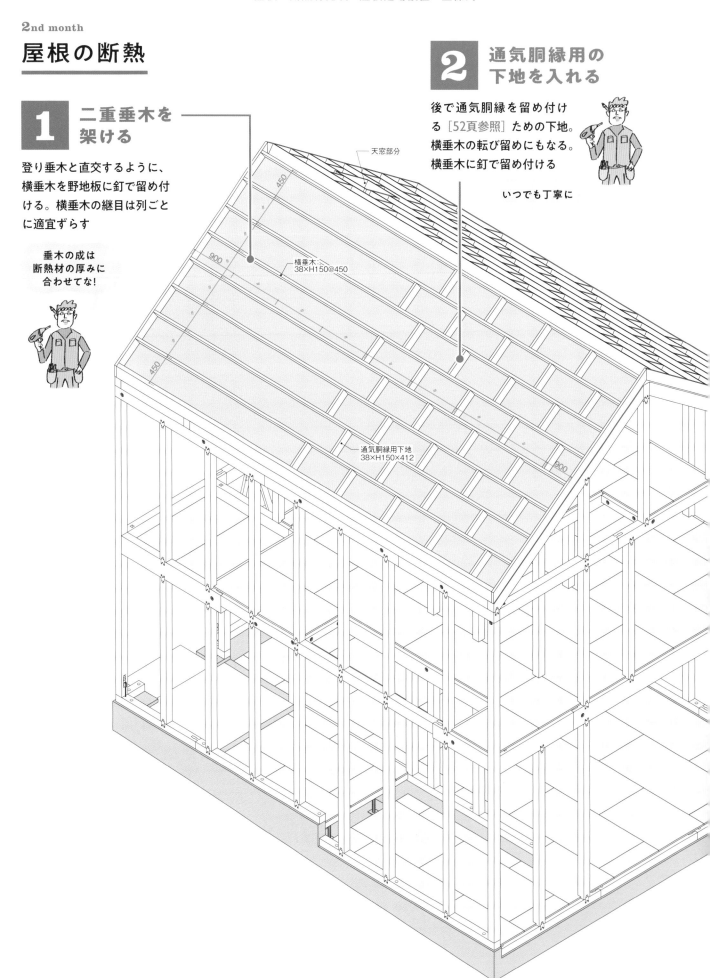

天窓部分

450

900

横垂木
38×H150@450

450

通気胴縁用下地
38×H150×412

900

3 断熱材を充填する

手順2でできたスペースに合わせて、2階で断熱材をカットし、敷き詰めていく

隙間なく！

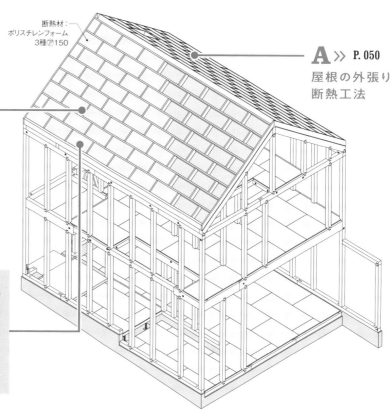

断熱材：
ポリスチレンフォーム
3種㋐150

A >> P.050
屋根の外張り
断熱工法

屋根の断熱材は、できれば軟らかい繊維系よりもボード状の発泡プラスチック系がよい。不安定な屋根上の作業で、ボード状なら踏んでも硬く問題ないからだ。繊維系のロックウールやグラスウールにもボード状のものがあるが、発泡プラスチック系より分厚くなる

4 断熱材の隙間を気密テープで閉じる

横垂木と通気胴縁用下地材の見付け幅より大きい気密テープでそれらを留め、断熱材との隙間を完全になくす

NO気密
NO断熱

気密テープ

5 透湿防水シートを張る

透湿防水シートは、屋内から屋根に入った湿気が滞留して結露が生じることを防ぐ。軒と平行に横張りし、必ず水下側を下に水上側を重ね、タッカーで留め付ける

製品仕様に従って
上下左右の
重ね代を十分に

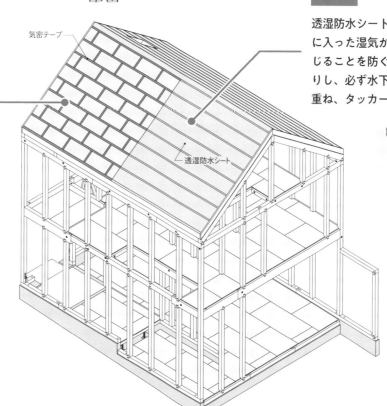

透湿防水シート

屋根の断熱 チェックリスト

 A 屋根の外張り
断熱工法

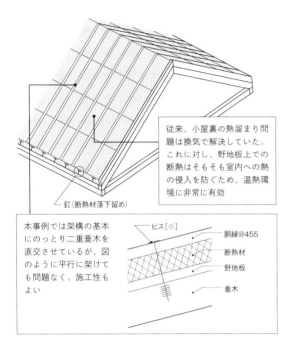

従来、小屋裏の熱溜まり問題は換気で解決していた。これに対し、野地板上での断熱はそもそも室内への熱の侵入を防ぐため、温熱環境に非常に有効

釘（断熱材落下留め）

本事例では架構の基本にのっとり二重垂木を直交させているが、図のように平行に架けても問題なく、施工性もよい

ビス[※]
胴縁@455
断熱材
野地板
垂木

 屋根の上から
断熱材を充填する

二重垂木の横垂木に断熱材を充填している様子（他現場）。写真はグラスウール180mm厚

COLUMN 4

断熱性能とコスト

小屋梁を表しにする場合は、断熱は充填ではなく外張り断熱になる。その際の断熱材は施工性やコストなども加味して選択したい。それぞれの断熱材について、選定にあたってのポイントを下記にまとめたので確認されたい。

高性能グラスウール24kg （λ=0.040〜0.035）

〈 メリット 〉
■高性能かつ、省コスト

〈 デメリット 〉
■柔らかいため施工の際に踏み抜いてしまうことがある
■断熱厚が厚くなるため、斜線制限が厳しい時には不利になることも

ポリスチレンフォーム3種 （λ=0.028〜0.023）

〈 メリット 〉
■木性能を担保した上で、屋根をより薄く納めることができる
■上に乗ることができるので、屋根施工が容易

〈 デメリット 〉
■グラスウールに比べてコストがかさむ

フェノールフォーム （λ=0.022以下）

〈 メリット 〉
■断熱性能が高いため、屋根をより薄く納めたい場合や、厚みは変えずにより高性能にすることができる

〈 デメリット 〉
■ポリスチレンフォームよりコストが高いため、大きな面積に使用するときには注意が必要になる

※「パネリードⅡ＋」（シネジック）など

屋根仕上げ

ここでは横葺きの板金屋根を紹介する。施工時間は通気胴縁～野地板張り～下葺き材まで約2時間、板金工事（トップライト含む）が約2日間程度。

メリットの多い板金屋根

数ある屋根仕上げのなかでも、板金は汎用性が高く使いやすい素材である。正しく施工すれば耐久性や止水性も申し分ないうえ、軽量で安価。意匠的にもすっきりと軽やかに納められる。

板金屋根仕上げの基本といえば、「横葺き」と「立はぜ葺き」である。軒先などをシャープかつシンプルに納めやすいので、所定の勾配（住宅保証機構が定める3寸勾配以上）が取れる場合には、筆者は横葺きを採用することが多い。

3寸勾配を下回る緩勾配の場合には立はぜ葺きとするが、軒先をすっきり納めるには、はぜの倒し方などに工夫が必要だ。なお、葺き方が変われば端部の納め方やけらばの見付け寸法なども変わってくるので、屋根を葺き始める前に設計者と施工者の間で詳細を詰めておく必要がある。また、板金屋根の場合、発注の都合上、上棟時には板金の色を決定する必要がある。上棟式などの機会で、建て主に最終確認を取っておきたい。　　　　　　[関本]

現場に関わる人々

現場監督　　板金職　　大工

Week no.	1	2	3	4	5	6	7	8	9	10	11	12	13

1st month　　　　　2nd month　　　　　3rd month　　　　4th month

屋根の通気胴縁・
下葺き材設置

屋根仕上げ・トップ
ライト設置・躯体検査

2nd month

屋根仕上げ

1 通気胴縁を施工する

外壁から屋根につながる通気層［68頁参照］を確保するため、気密テープで留めた透湿防水シートの上に18×45程度の通気胴縁を設置する

**雨水も空気も
ここから抜けるよ**

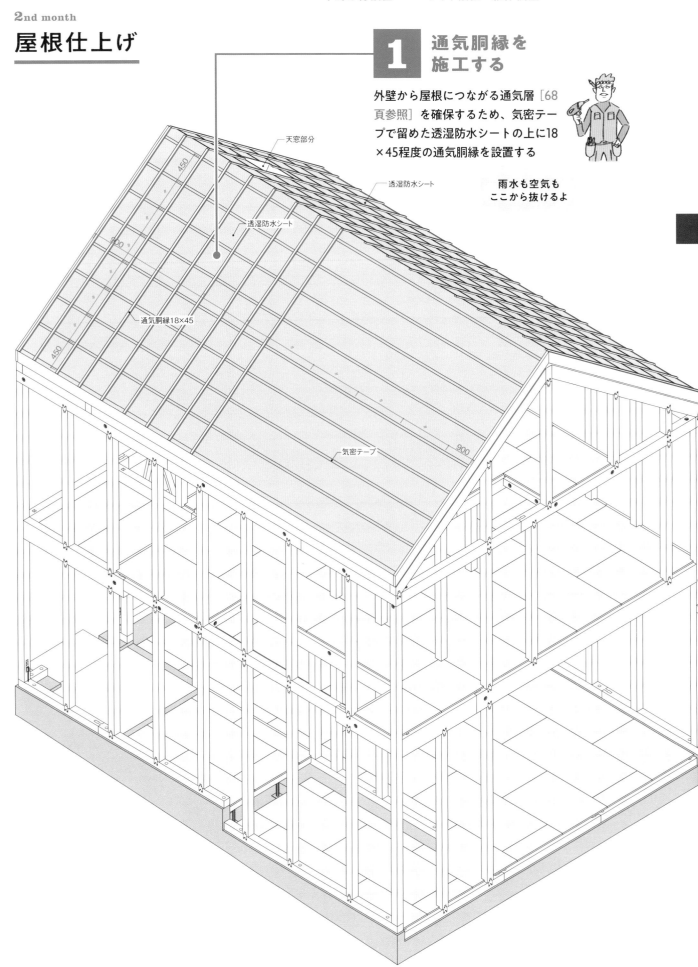

天窓部分

透湿防水シート

透湿防水シート

通気胴縁18×45

気密テープ

450

900

450

900

2 野地板を張る

通気胴縁の上に軒先から棟側に向かって野地板を張る。ここでは厚さ12㎜の合板を使用している

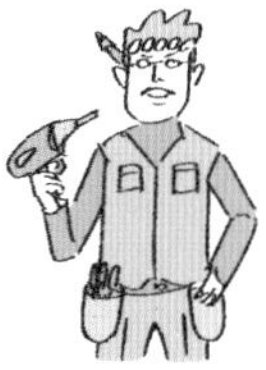

下から上に張るんだぜ

3 下葺き材を張る

下葺き材は、アスファルトルーフィング940または同等以上の防水性を有するものを使用する。水下側の下葺き材の上に水上側の下葺き材を重ねて張る。タッカー留めした部分には防水テープを張り、雨漏りを防ぐ

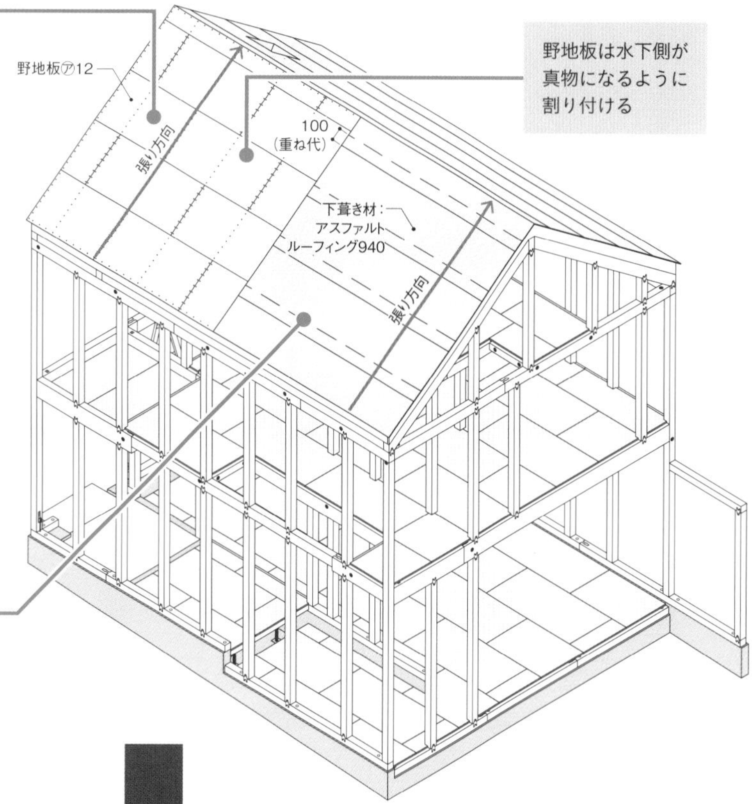
野地板㋐12
張り方向
100
(重ね代)
下葺き材：
アスファルト
ルーフィング940
張り方向
野地板は水下側が
真物になるように
割り付ける

絶対に雨漏りさせないよ!

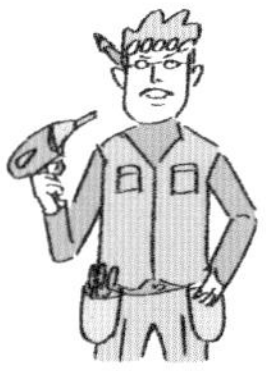

4 トップライトを施工する

取合い部の防水が命!

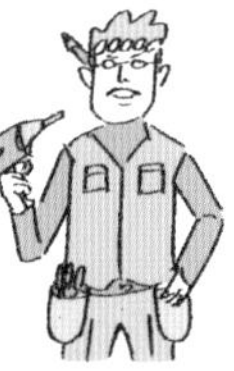

基本的にメーカーの仕様に従って取り付ける。下葺き材と窓枠の間は防水テープなどで密閉すること。過去の施工写真などを予め施工者に見せて、仕上がりのイメージを共有しておくとよい

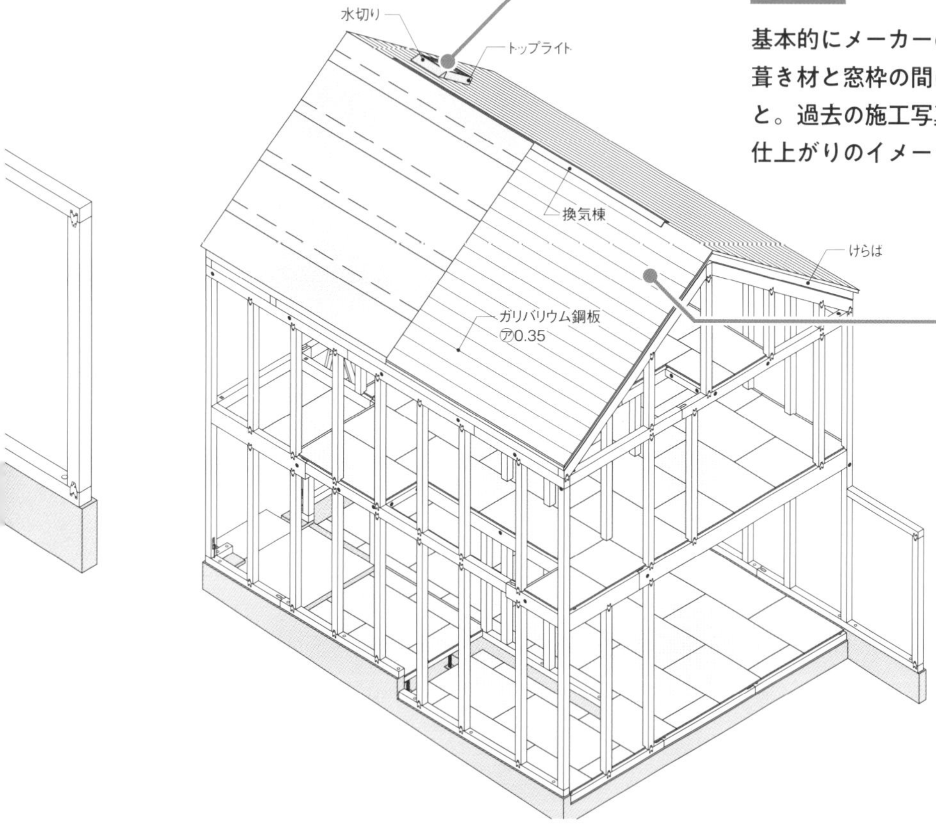
水切り
トップライト
換気棟
けらば
ガリバリウム鋼板
㋐0.35

5 金属板を葺く

下地に墨出しをして板金を割り付ける。はぜの水仕舞いを考え、軒先から棟側の順に張り上げる。屋根材を仮置きするときは、重ね置きすると傷がつきやすいので、置き方にも注意が必要。最後に換気棟を施工する

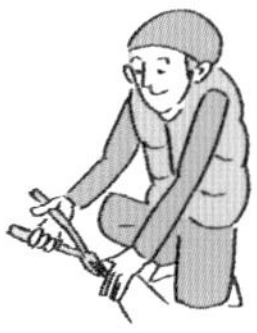

繊細な仕上げならまかしとけ!

屋根仕上げ チェックリスト

雨仕舞は確実に

上：透湿防水シートの継目部分に気密テープを張っている。このテープにより、屋外側の気密が確保できる
下：下葺き材の上から金属板を葺いている様子。水仕舞いを考慮し、軒先側から棟側に金属板を張り上げる

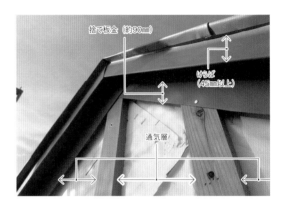

雨の吹上げを考慮し、けらば側の見付けは最低45mm以上確保する。本事例は意匠上の理由から軒の出がない屋根形状としている。そのため、けらばや軒先などの防水については対策を講じる必要があった。ここでは、捨て板金を設けて雨水の浸入を防いでいる。万が一の浸水時には、屋根から外壁につながる通気層から排水できる [68頁参照]

COLUMN 5

立はぜ葺きの場合の端部の処理

横葺きの場合は端部の納めは単純だが、立はぜ葺きにする場合は、端部の納めには様々なバリエーションがある。意匠上の意図と、職人の技量を見極めて適切なディテールを選びたい。

通常の立はぜ葺き

立はぜ端部がその立上がり形状のまま終わる。通常はこの形状で止水上も問題ないが、軒先が低いと下から見上げた際にこの立上がり部が目立つこともある。意匠性を重視する場合はもう一工夫考えたい。

45度たたみ

先端を45度にたたむことで、下からの見上げに配慮した折り方。ただし板金にはさみを入れて一部の板を抜くなど、折り方にはノウハウがある。また屋根頂部に施工するとピンホールが空いてしまうという問題もある。

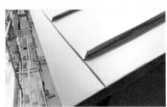

しののめはぜ

はぜの先端部を水平に折り倒す方法。そのままでははぜは倒れないため、美しく納めるためにはノウハウや高度な技量が求められる。ピンホールが空かないので、止水上は最も優れた方法といえる。

間柱・窓台・まぐさ

屋根の木工事が一段落したら、間柱やサッシの受け材となる窓台・まぐさなどの木工事を行う。施工時間は2人がかりで5～6時間程度。

開口部廻りは強度を確保

開口部となる部分に設けるまぐさと窓台は、サッシの受け皿となる重要な箇所。近年では、開口部の大型化や複層ガラスの採用などによりサッシの重量化が進んでいる。そのため、間柱の間隔や見付けの幅などに配慮し、相応の強度を確保する必要がある58頁**A**。

サッシはこのまぐさや窓台に取り付けられる。外壁が仕上がってしまうとサッシの移動は困難を極めるため、サッシの取り付け位置や下地のサイズなど、施工の詳細をこの段階で念入りに確認しておきたい。

間柱は耐力面材を取り付ける下地となるので、構造用合板の幅（910mm）に合わせて455mmピッチで配置し、土台や梁に釘打ちして留め付ける58頁**B**。　　　　　　[関本]

現場に関わる人々

現場監督　　　大工

	1st month				2nd month				3rd month				4th month
Week no.	1	2	3	4	5	6	7	**8**	9	10	11	12	13

間柱・窓台・まぐさ設置

2nd month

間柱・窓台・まぐさ

1 間柱を取り付ける

間柱は土台や梁、桁に釘で455mmピッチで留め付ける。構造用面材の継目になる部分の間柱は45×120、それ以外の間柱は30×120の材を使用することが多い

間柱は壁の
構造用合板の
受け材になるよ

間柱：
45×120

胴差

プレカット発注前に窓の高さとサイズを決めておけると、現場で間柱をカットする手間が省けるので施工時間を2時間程度短縮できる

B >> P. 058
間柱と筋かいが
干渉する場合は？

まれなことだが、窓の位置が図面とずれていることがあるので要注意。サッシが取り付く前なら、修正が可能だ。現場に出向き、展開図などと照らし合わせながら設計者自身の目で窓の位置や高さを確認しておきたい

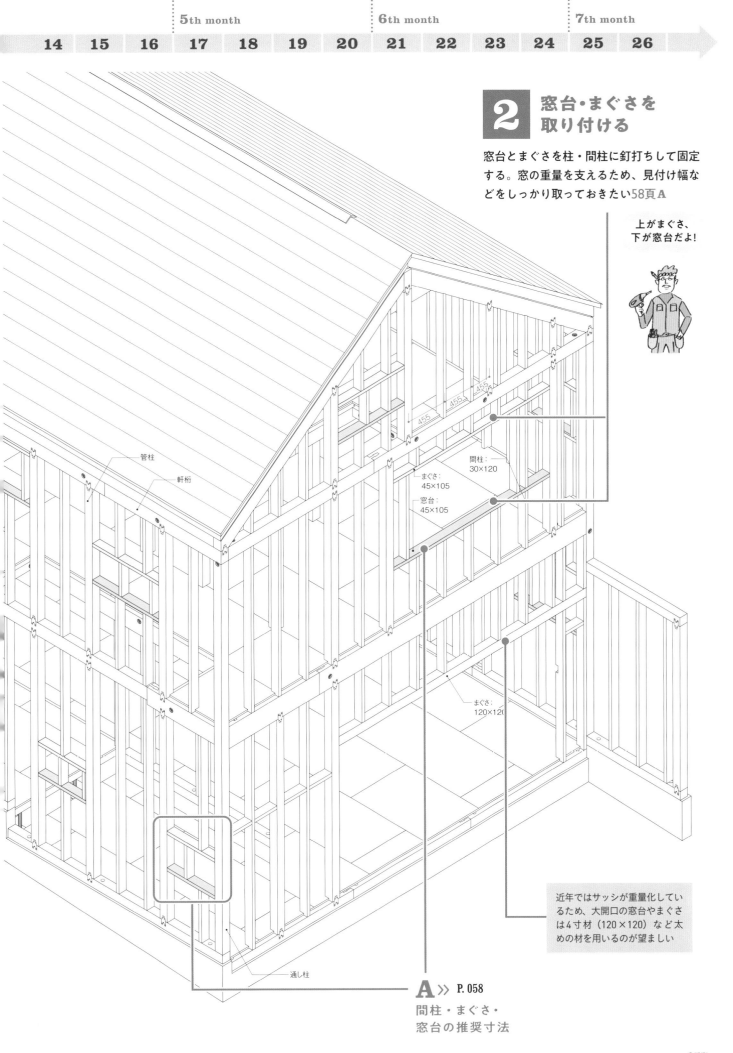

2 窓台・まぐさを取り付ける

窓台とまぐさを柱・間柱に釘打ちして固定する。窓の重量を支えるため、見付け幅などをしっかり取っておきたい58頁A

上がまぐさ、下が窓台だよ!

管柱

軒桁

間柱：
30×120

まぐさ：
45×105

窓台：
45×105

455 455 455

まぐさ：
120×120

通し柱

近年ではサッシが重量化しているため、大開口の窓台やまぐさは4寸材（120×120）など太めの材を用いるのが望ましい

A ≫ P. 058
間柱・まぐさ・
窓台の推奨寸法

間柱・窓台・まぐさ チェックリスト

A 間柱・まぐさ・窓台の推奨寸法

複層ガラスサッシは単板ガラスサッシに比べて約2倍の重量になる。その場合、間柱・窓台・まぐさの見付を45mm以上取り、強度を確保しておきたい。また、間柱の間隔は500mm以下とする

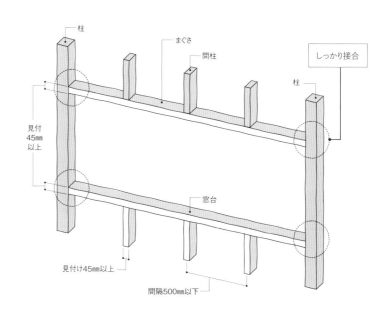

柱 / まぐさ / 間柱 / しっかり接合 / 柱 / 見付45mm以上 / 窓台 / 見付け45mm以上 / 間隔500mm以下

B 間柱と筋かいが干渉する場合は？

筋かいは構造躯体なので、欠損は許されない。そのため、間柱と筋かいが交差する場所では間柱を切り欠いて納める必要がある

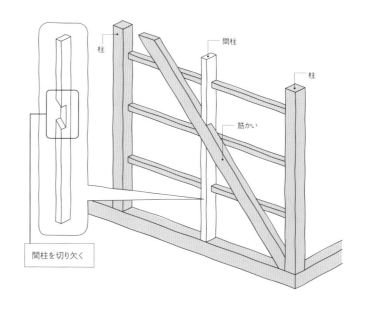

柱 / 間柱 / 柱 / 筋かい / 間柱を切り欠く

📷 室内側からの様子

間柱・窓台・まぐさを室内側から見る。外壁下地となる合板の固定にはN50釘を使用し、構造材に打ち付ける [60頁参照]

13

耐力壁

令46条や昭56建告1100号に規定されたもの以外にも、国土交通大臣が仕様と倍率を認定した耐力壁が多数ある。ここでは主に構造用合板を用いた面材耐力壁を紹介する。

面材耐力壁のメリット
面材耐力壁と開口部の関係

筆者は、耐力壁には構造用合板を採用している。耐震性能や施工性の高さのメリットを考慮しての選択である。建物全体の挙動は、筋かいのような「部分」ではなく「面」として逃がしたほうが、躯体に無理な力がかからず合理的だと考えているためである。さらに、面材を上下左右に連続させると、壁量計算上は壁量として算入できない開口部廻りの垂壁や腰壁などの雑壁も、事実上余力としての耐力を担保できる62頁**A**。

また、面材耐力壁は充填断熱工法との相性がよく、壁の厚みを抑えやすいこともメリットだ。　　　　　　　　　　　　　　　　[関本]

面材耐力壁は、一般的に軸組全面に張ることで性能を発揮する。そこで重要なのが開口の設け方である。耐力壁は、建物の水平力を負担する重要な構造要素だ。基本的に、耐力上重要な壁にはなるべく開口を設けずに済むような計画が望ましい。設計時には耐力壁と配管などの位置を入念に検討しよう。やむを得ず開口を設ける場合の注意点は62頁**A**で解説している。　　　　　　　　　　　　[山田]

現場に関わる人々

現場監督　　大工

	1st month				2nd month				3rd month				4th month
Week no.	1	2	3	4	5	6	7	8	9	10	11	12	13

耐力壁設置

3rd month

耐力壁

1 構造用合板を 釘打ちで施工する

面材耐力壁は、面材の四周に打ち込まれる釘のせん断力によって耐力壁の剛性を担保する。よって、柱、間柱、梁、桁などの構造材に確実に釘留めすること。国土交通省の告示や国土交通大臣の認定書で指定されたN釘もしくはCN釘を必ず使い、既定の釘間隔を守って打つこと。本事例では、合板周辺部はN50@100、中間の間柱部分ではN50@100で留め付けている

施工時間は
6時間前後だぜ

木造の耐力壁面材として、構造用合板以外にも壁倍率認定を受けた多種多様な耐力壁が実用化されている。施工前に、各製品の仕様や釘打ちの方法などのメーカー仕様をしっかりと確認しておきたい

構造用合板を張る順

C >> P. 062
耐力壁の納まり

構造用合板は下から上に張る。下の合板が上の合板を支えてくれるので、手で押さえる必要がなく施工が楽になる

耐力壁の幅の最小値について、建築基準法では特に規定されていない。『木造軸組工法住宅の許容応力度設計（2017年版）』によれば、告示仕様の合板張り耐力壁の幅の最小値は600㎜以上、かつ階高／幅の比は5以下とされている。筋かい等の耐力壁の幅の最小値は900㎜以上となっている

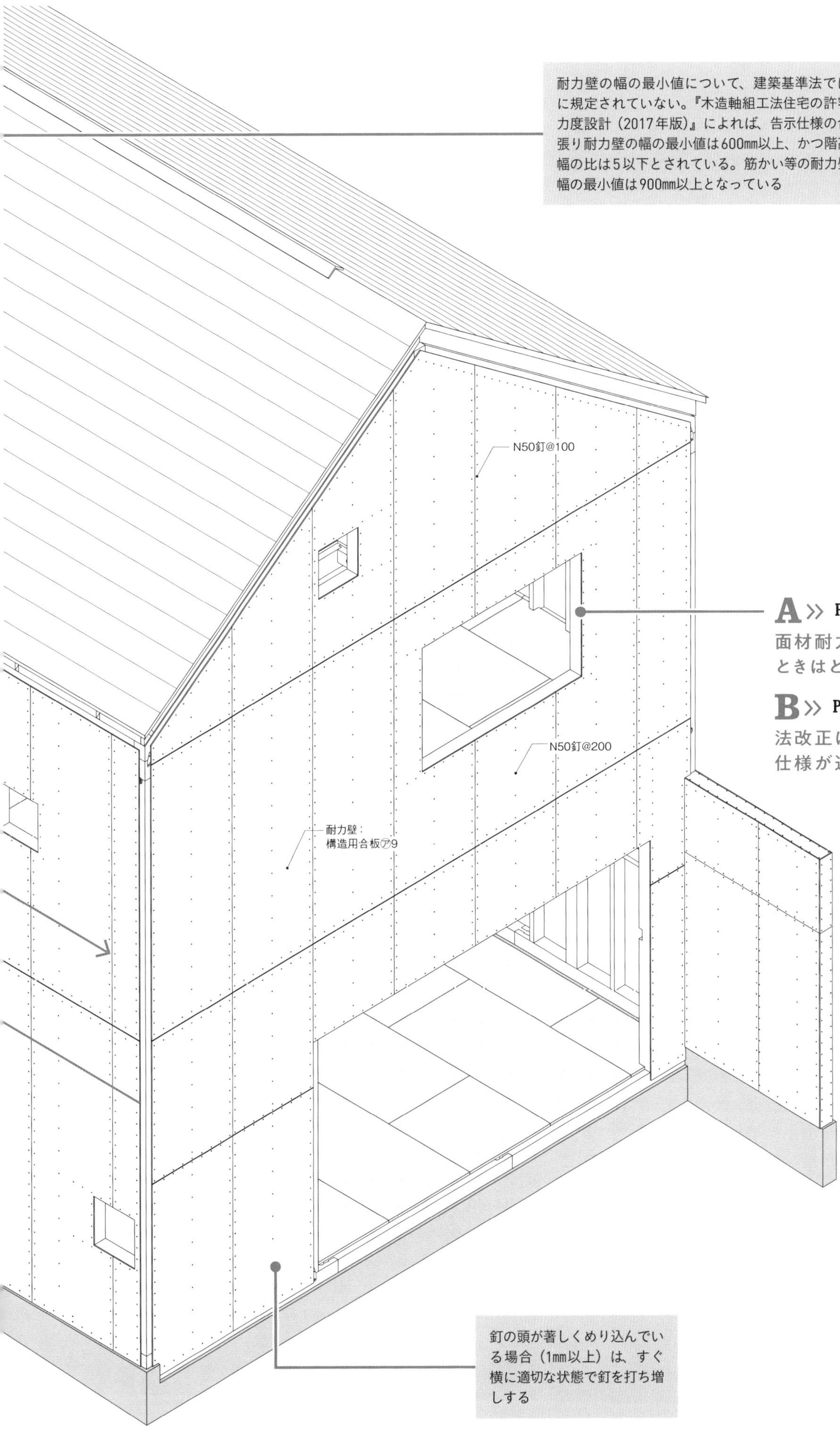
N50釘@100
N50釘@200
耐力壁：
構造用合板㋐9

A » P. 062
面材耐力壁に開口を設けるときはどうする？

B » P. 062
法改正により、耐力壁の仕様が追加に

釘の頭が著しくめり込んでいる場合（1㎜以上）は、すぐ横に適切な状態で釘を打ち増しする

耐力壁 チェックリスト

A　面材耐力壁に開口を設けるときはどうする?

①補強が不要なケース

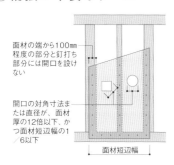

面材の端から100mm程度の部分と釘打ち部分には開口を設けない

開口の対角寸法または直径が、面材厚の12倍以下、かつ面材短辺幅の1／6以下

面材短辺幅

上図の条件を満たす小さな開口については、補強不要。補強なしでも開口を設けない場合と同等の性能が得られるからだ。耐力が著しく低下するのは、面材を軸組に留め付ける釘打ち部分に開口の範囲がかかるからだ。開口を複数設ける場合については特に規定がないが、1区画に1箇所までとするべきであろう

②補強が必要なケース

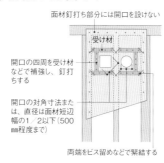

面材釘打ち部分には開口を設けない

受け材

開口の四周を受け材などで補強し、釘打ちする

開口の対角寸法または、直径は面材短辺幅の1／2以下(500mm程度まで)

両端をビス留めなどで緊結する

上図の条件を満たす開口は、補強のうえで設置可能。開口の四周を受け材などで補強し、面材に釘打ちする。面材端から100mm程度の範囲には開口がかからないようにする。また、水平方向の受け材は両端を柱まで到達させ、斜めビス留めなどで緊結する [※1]

③準耐力壁などのケース

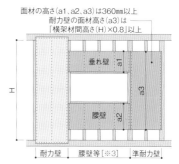

面材の高さ(a1、a2、a3)は360mm以上
耐力壁の面材高さ(a3)は「横架材間高さ(H)×0.8」以上

垂れ壁　a1

H　a3

腰壁　a2

耐力壁　腰壁等[※3]　準耐力壁

①②のいずれにも該当しない開口は、開口を設けない場合と同等の耐力を担保することが難しいため、そのままの壁倍率は使えない。壁量計算には算入できないが、品確法の評価基準に規定されている「準耐力壁」や「腰壁」の仕様に合わせることで、品確法の計算や構造計算では評価できるようになる [※2]

B　法改正により、耐力壁の仕様が追加に!

平成30年3月26日より昭56建告1100号が改正され、木造軸組構法の耐力壁の仕様と壁倍率が追加・整備された。主な改正項目は、①高倍率の耐力壁の仕様の追加、②新たな構造用面材の追加(構造用パーティクルボードおよび構造用MDF)、③床勝ち仕様の明確化、の3つである。本項では、①について解説する。以前より、径の大きな釘を細かいピッチで打ち付けた構造用面材の耐力壁は、従来の耐力壁(壁倍率2.5)よりも性能が高いことが知られていたが、建告1100号の仕様に書かれていないため、令46条4項の壁量計算には使えなかった。しかし

今回の改正により、建告1100号に高倍率の仕様が追加され、詳細な構造計算を行わなくとも手軽に使えるようになった。ただし、この構造用面材を両面張りしたとしても、壁量計算では5倍を超えての使用はできない。詳細な構造計算をせずに高耐力の耐力壁を使いたい場合は、耐力壁を2列並べることで壁量を確保するとよい。壁厚が大きくなるが、開口幅を減らさずに壁量を確保できる。また、この仕様の面材釘は、従来仕様で使われていたN50(鉄丸釘)ではなく、これまで2×4工法に使われてきたCN50(太め鉄丸釘)となるので注意が必要だ　[山田]

合板張り耐力壁の仕様一覧

合板の厚さと等級		釘の種類	釘間隔(mm)		仕様	倍率	真壁の受け材		床勝ちの受け材	
厚さ(mm)	等級		外周	中通り			断面(mm)	釘間隔(mm)	断面(mm)	釘間隔(mm)
9以上	1級	CN50	75以下	150以下	大壁、大壁床勝ち	3.7	—	—	30×60以上	120以下
	2級				真壁、真壁床勝ち	3.3	30×40以上	200以下	30×40以上	200以下
5以上* 7.5以上	1級	N50	150以下	150以下	大壁、大壁床勝ち	2.5	—	—	30×40以上	200以下
	2級				真壁、真壁床勝ち	2.5	30×40以上	300以下	30×40以上	300以下
			150以下 (貫に打ち付け)		貫真壁	1.5	—	—	—	—

　告示改正で追加された仕様　　*大壁、大壁床勝ちでは屋外では7.5mm以上

C　耐力壁の納まり

柱
室外側　室内側
受け材
外壁下地
構造用合板ア9
(壁倍率2.5)
構造用合板ア9
真壁納まり(壁倍率2.5)
間柱
受け材30×40以上
N75@300固定

9mm厚の構造用合板を室内側・室外側にそれぞれ使用し、耐力を確保している

※1 間柱が開口によって途切れると、面外方向への変形に弱くなるため、開口は柱や間柱の間に納まるような設置が望ましい

※2 ただし、これらの「準耐力壁」や「腰壁」は令46条4項に規定されている壁量計算では壁量に算入できないため、構造計算が必要

※3 「腰壁等」は、開口幅が2千mm以下かつ左右の両端が同じ面材の耐力壁または準耐力壁に挟まれていること

14

サッシ
取り付け

サッシ廻りの工事では、防水対策が重要なポイントになる。防水材は下から上に向かっての施工が基本。順番を間違えないように注意を払っておきたい。施工は4～5時間程度。

防水材の施工手順を
チェック

　サッシ工事では、外壁に構造用面材を取り付けた後、窓台の下部に先張り防水シートを施工する。その上からサッシを取り付けて防水テープを張り、面材（構造用合板）に密着させる66頁**A**。この際、防水材の施工手順や張り方向を誤ると、水が浸入するので注意する。

　ビル用サッシと異なり、住宅用サッシには施工図による承認過程がない。取り付け前に発注リストを現場と共有し、間違いがないように確認をとる。筆者の過去の失敗例では、設計上、内観の姿図で建具表を作成したが、メーカーの発注リストでは外観が示されていたため、現場に搬入されたサッシの吊り元が左右逆になっており、青ざめた経験がある。

[関本]

現場に関わる人々

現場監督　　大工

サッシ搬入・
外部建具採寸

サッシ取り付け・
外部建具枠取り付け

2〜3 month

サッシ取り付け

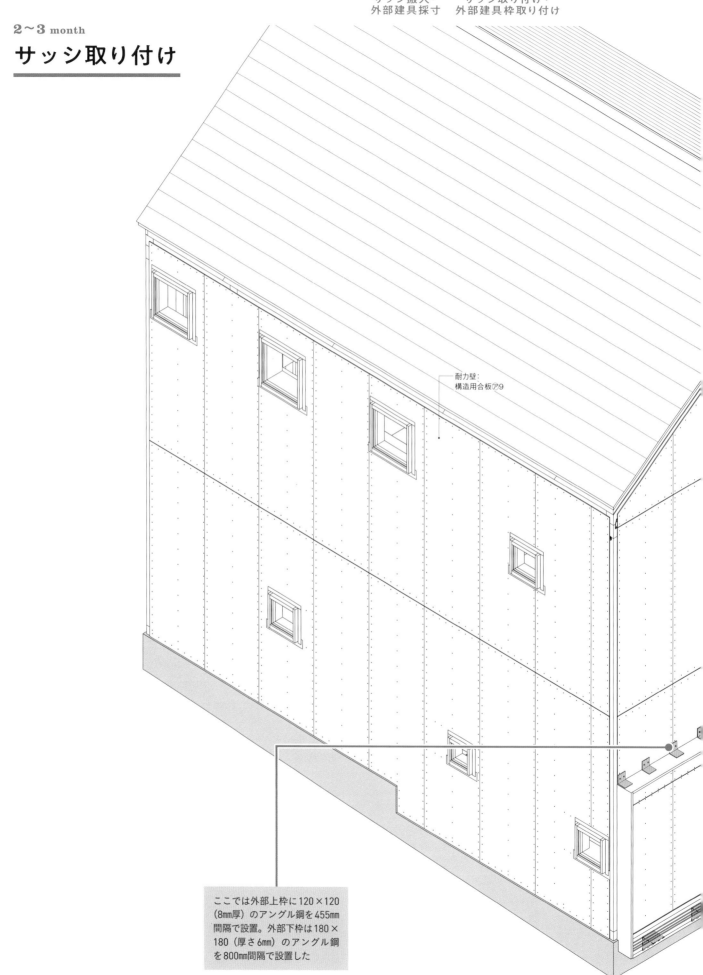

耐力壁：
構造用合板⑦9

ここでは外部上枠に120×120
（8mm厚）のアングル鋼を455mm
間隔で設置。外部下枠は180×
180（厚さ6mm）のアングル鋼
を800mm間隔で設置した

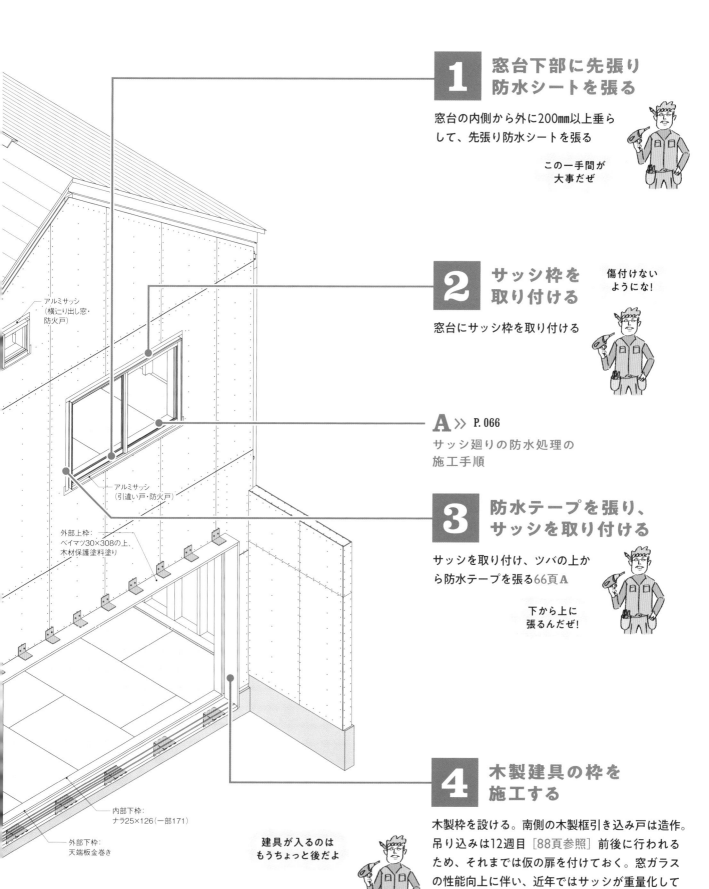

アルミサッシ
(横こり出し窓・
防火戸)

アルミサッシ
(引違い戸・防火戸)

外部上枠：
ベイマツ30×308の上、
木材保護塗料塗り

内部下枠：
ナラ25×126（一部171）

外部下枠：
天端板金巻き

建具が入るのは
もうちょっと後だよ

1 窓台下部に先張り防水シートを張る

窓台の内側から外に200mm以上垂らして、先張り防水シートを張る

この一手間が
大事だぜ

2 サッシ枠を取り付ける

傷付けない
ようにな！

窓台にサッシ枠を取り付ける

A ≫ P. 066

サッシ廻りの防水処理の
施工手順

3 防水テープを張り、サッシを取り付ける

サッシを取り付け、ツバの上から防水テープを張る66頁A

下から上に
張るんだぜ！

4 木製建具の枠を施工する

木製枠を設ける。南側の木製框引き込み戸は造作。吊り込みは12週目［88頁参照］前後に行われるため、それまでは仮の扉を付けておく。窓ガラスの性能向上に伴い、近年ではサッシが重量化している。この重みを支えるため、枠の中に補強アングルを仕込んでおくとよい

サッシ取り付け チェックリスト

 A ## サッシ廻りの防水処理の施工手順

① 先張り防水シートを施工し、サッシ枠を取り付ける

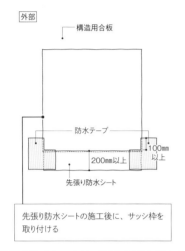

外部　構造用合板
防水テープ
100mm以上
200mm以上
先張り防水シート

先張り防水シートの施工後に、サッシ枠を取り付ける

先張り防水シートは、窓台の室内側から外に向かって200mm以上垂らして設置する。このとき、サッシの内側にも施工されていることを確認する。先張り防水シートは窓台下部から側面の下地材に沿って、100mm以上の立上りを設けて防水テープで隙間なく張ること

② サッシを取り付け、サッシのツバの上に防水テープを張る

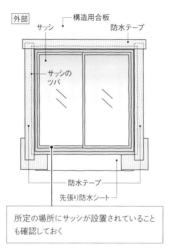

外部　サッシ　構造用合板　防水テープ
サッシのツバ
防水テープ
先張り防水シート

所定の場所にサッシが設置されていることも確認しておく

防水テープは、サッシのツバを覆うように、サッシ側面→サッシ上部の順番で、下→上の順に張り進むことがポイント

③ 透湿防水シートを張る

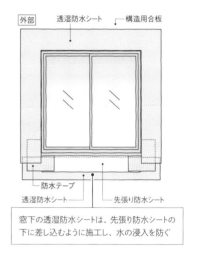

外部　透湿防水シート　構造用合板
防水テープ
透湿防水シート　先張り防水シート

窓下の透湿防水シートは、先張り防水シートの下に差し込むように施工し、水の浸入を防ぐ

サッシ側面と上部の防水テープに透湿防水シートを密着させて隙間なく張る。透湿防水シートも下→上に向かって張ること

📷 雨仕舞のキモになる部分は現場で要チェック

本事例は防火地域にあるため、道路側の木製建具以外の窓は、すべてアルミ樹脂複合の防火サッシを採用している

先張り防水シートの上からサッシを取り付けた様子。先張り防水シートは窓台の室内側から外に200mm以上垂らす

アルミサッシのツバの上から防水テープを張った様子。外壁の面材と隙間なく密着させること

壁通気工事・庇

日除けや建具の保護、小雨時の通風確保などを目的として、住宅には小庇を設けることが多い。外壁の防水にもかかわるため、外壁下地の段階で取り付け方法を確認しておこう。

細部が建物の印象を決める

　本事例の庇は、①木下地＋板金折りで納める庇と、②鋼板を使った金物製作の庇の2種類がある。なるべく線の少ないシンプルな意匠とするため、①のタイプの庇では、筆者はあえて唐草を使わずに納めることが多い70頁**A**。唐草（水切り）なしの場合は、釘が使えないうえに、高度で繊細な板金の施工が必要になる。しかし、このような細部に逃げのない納まりを施すことで、建物全体が端正な印象になる。①のタイプの庇は、鉄骨業者などの製作施工図と、取合い部の納まりを併せて事前に確認しておく。庇の取合い部に施工不良があると雨漏りの原因になるため、外壁からつながる透湿防水シートの施工も庇工事の要である。　　　　　　　　　　［関本］

現場に関わる人々

現場監督

鉄骨業者

板金職

大工

	1st month				2nd month				3rd month			4th month
Week no.	1	2	3	4	5	6	7	8	9	10	**11**	12	13

外壁通気工事

3〜4 month

壁通気工事・庇

1 透湿防水シートを張る

透湿防水シートは横張りとし、下から上に順に張り上げる。上下の重ね代は90mm以上、左右の重ね代は150mm以上確保し、重ね部分には防水テープを隙間なく張るなど万全の対策を施す。サッシ廻りの施工ポイントについては66頁参照

重ね代を
確保しろよ

本事例では、壁内の通気胴縁を屋根の通気胴縁につなげ、屋根頂部の換気棟から排気している。万一の漏水時も、この通気層を通じて下に排水できる［52頁参照］

2 通気胴縁を施工する

外壁から屋根につながる通気層［52頁参照］を確保するため、透湿防水シートの上に18×45程度の通気胴縁を設置する

施工時間は
約4時間！

3 木下地を取り付ける

24mm厚の構造用合板を、庇側面のサイズに合わせてカットし、450mm間隔目安で配置。胴縁に斜めにビス留めし、間柱に固定する。併せて、野縁・野地板（12mm厚の構造用合板）を取り付ける

内部の骨になる
板は等間隔で
入れるんだ

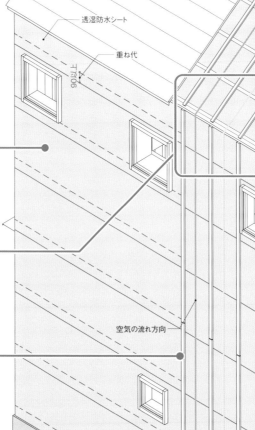

透湿防水シート

重ね代

T106

通気胴縁：18×45

透湿防水シート

通気胴縁：18×45

透湿防水シート

空気の流れ方向

雨水の流れ方向

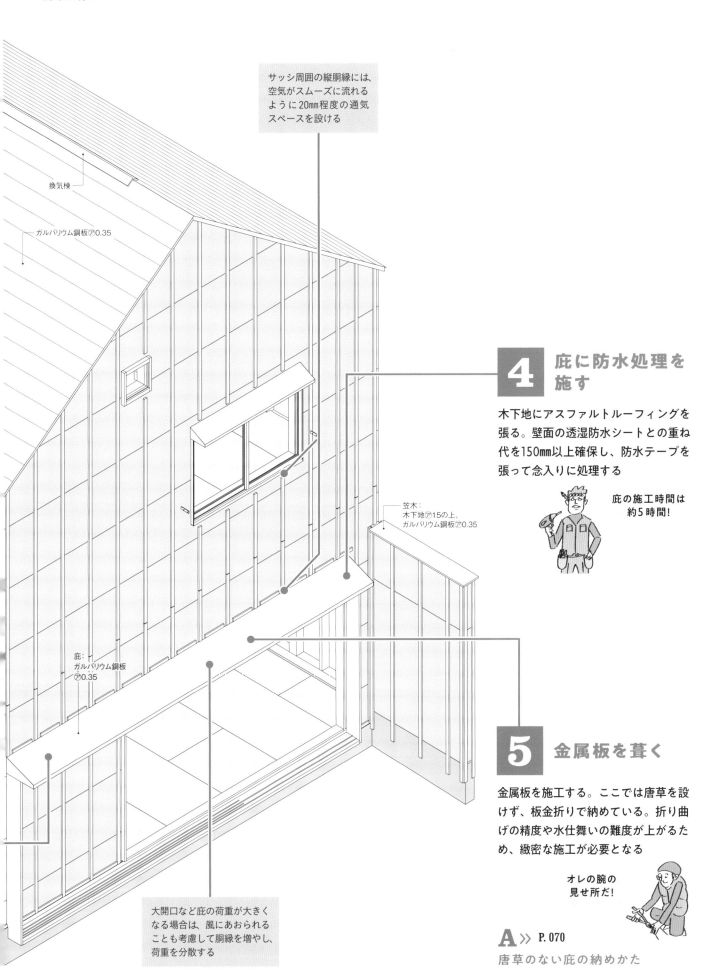

換気棟

ガルバリウム鋼板ア0.35

サッシ周囲の縦胴縁には、
空気がスムーズに流れる
ように20mm程度の通気
スペースを設ける

笠木：
木下地ア15の上、
ガルバリウム鋼板ア0.35

庇：
ガルバリウム鋼板
ア0.35

大開口など庇の荷重が大きく
なる場合は、風にあおられる
ことも考慮して胴縁を増やし、
荷重を分散する

4　庇に防水処理を施す

木下地にアスファルトルーフィングを
張る。壁面の透湿防水シートとの重ね
代を150mm以上確保し、防水テープを
張って念入りに処理する

庇の施工時間は
約5時間!

5　金属板を葺く

金属板を施工する。ここでは唐草を設
けず、板金折りで納めている。折り曲
げの精度や水仕舞いの難度が上がるた
め、緻密な施工が必要となる

オレの腕の
見せ所だ!

A ≫ P. 070
唐草のない庇の納めかた

壁通気工事・庇 チェックリスト

A 唐草のない庇の納めかた

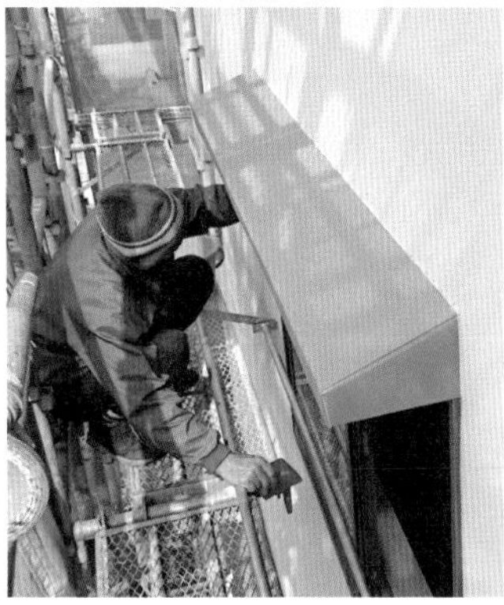

釘を打たず板金を折り込んでつくる、見付け寸法約50㎜の板金庇が筆者の定番。唐草を使わないので、出隅の板金の折返しなどに特殊で緻密な施工が求められる。筆者は熟練の板金職に依頼している。工事前に、過去の施工写真などによるイメージの共有は必須だ。その場で写真などを閲覧できるタブレット端末は必携のツールである

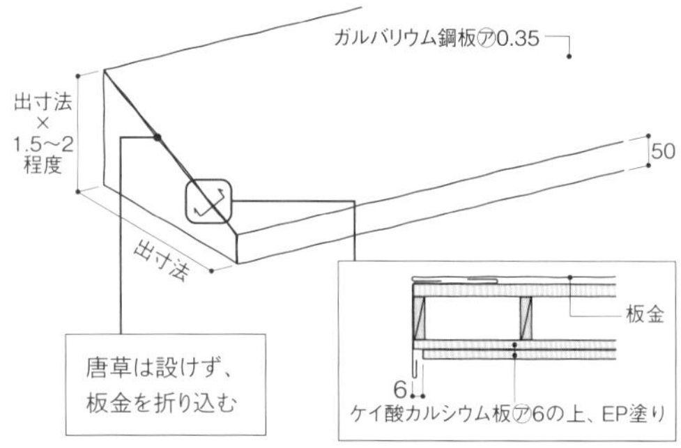
ガルバリウム鋼板㋐0.35
出寸法
×
1.5～2
程度
50
出寸法
唐草は設けず、
板金を折り込む
板金
6
ケイ酸カルシウム板㋐6の上、EP塗り

庇が外観の印象を決める

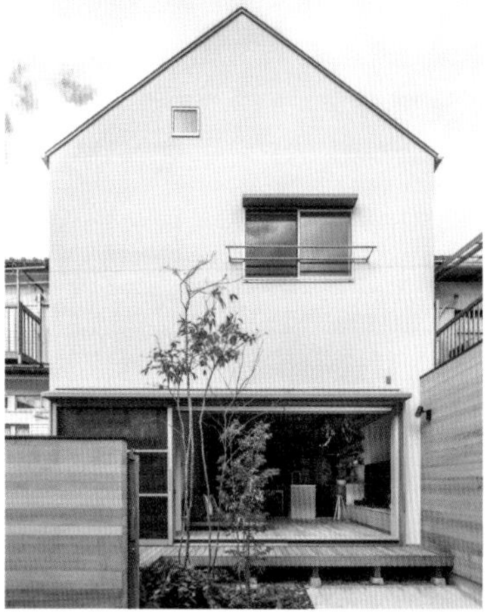

外観のメインとなる南面の庇は、線がシンプルな木下地＋板金折りで納めている。北側の庇（玄関扉上など）は、鋼板を使った金物製作のものを使用

［写真：新澤一平］

COLUMN 6

外壁端部の納まりと意匠

筆者の住宅では、外壁端部は土台より下まで下げることで、外壁下端水切りの施工を省いている。省コストとデザイン性を両立できるほか、土台下の通気パッキンからの漏水を防ぐ効果もある。

標準の納まり

通気胴縁を土台下まで伸ばすと、構造用合板による9mm分の隙間が基礎面との間に生じる。これをパッキン材で調整して、その隙間から通気を取るという方法。防虫部材は土台より上部に設けている。

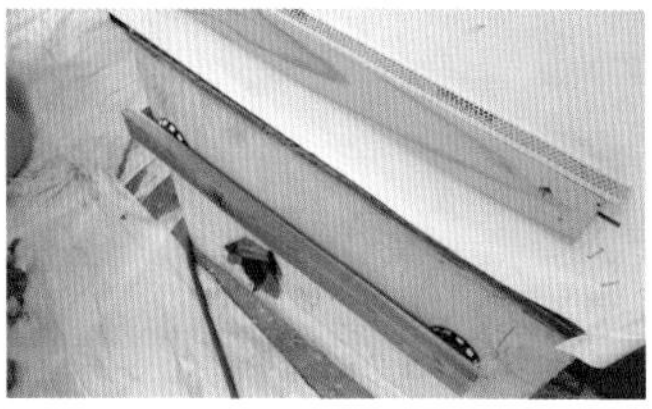

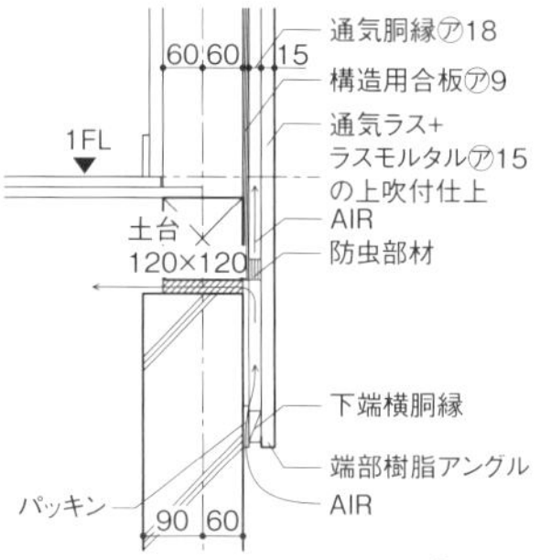
60 60 15
通気胴縁㋐18
構造用合板㋐9
1FL
通気ラス+
ラスモルタル㋐15
の上吹付仕上
土台
120×120
AIR
防虫部材
下端横胴縁
端部樹脂アングル
パッキン
90 60
AIR

断面図［S＝1:20］

「路地の家」の納まり

「路地の家」では、外部側に基礎のふかしを取っている。このことにより外壁通気を土台下まで伸ばすことが出来なかった。しかし土台下端レベルで外壁下端を納めると、ここより水平に水が室内に侵入するリスクが生じるため、基礎天端に盗みを取り、通気と止水に配慮した納まりとしている。

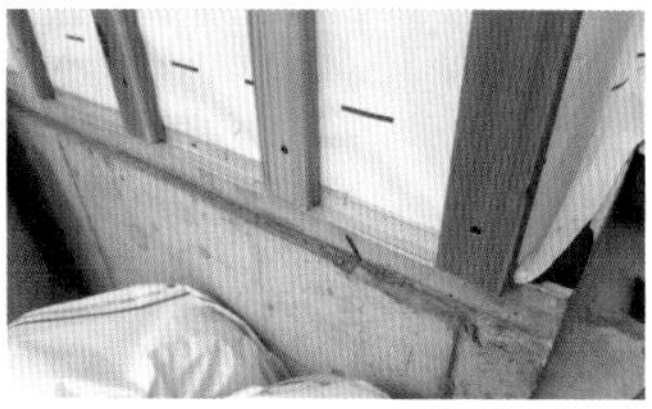

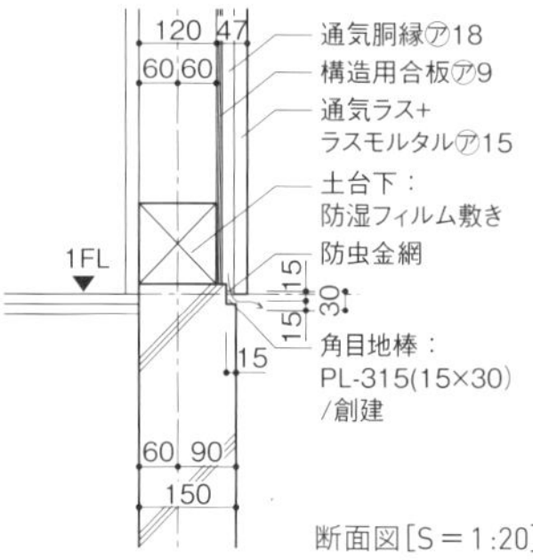
120 47
60 60
通気胴縁㋐18
構造用合板㋐9
通気ラス+
ラスモルタル㋐15
土台下：
防湿フィルム敷き
防虫金網
1FL
15 15
30
15
角目地棒：
PL-315(15×30)
/創建
60 90
150

断面図［S＝1:20］

壁の断熱

壁の断熱は、壁内に断熱材を充填する「充填断熱」、壁の外側に断熱材を張る「外断熱」、両方を施工する「付加断熱」の3種類に大別される。ここでは充填断熱を紹介する。

途切れのない気密層をつくる

本事例の外壁は、グラスウールを壁内に充填している。グラスウールは安価、かつ高性能。不燃材なので木造住宅にとても適した断熱材だ。しかし、施工が不完全だと内部結露により水分を含んでグラスウールが垂れ下がり隙間ができるなど、性能が著しく落ちるおそれがある。この不具合を避けるには、グラスウールの室内側に防湿気密シートを密着させて張り、連続した気密層をつくる必要がある74頁**A**。

グラスウールはいわゆる「袋入り品」が使われることが多い。しかし、近年の筆者の現場では細部の施工性のよさやコスト面などの利点から、袋なしのグラスウールを充填し、上から防湿気密シートを施工している。

[関本]

現場に関わる人々

現場監督

断熱材メーカー

大工

3rd month

壁の断熱

1 断熱材を充填する

柱・間柱間に断熱材を充填する。熱欠損が起きないよう、隙間なくみっちりと施工する

小さな隙間に
要注意だよ!

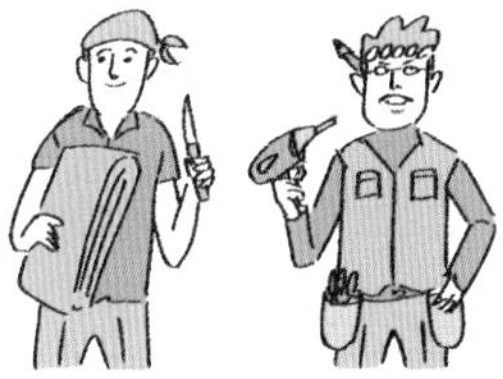

2 防湿気密シートを張る

袋なしのグラスウールを使用する場合、吸湿による断熱性能の低下を避けるため、上から防湿気密シートを張る。発泡ウレタンフォームなどの吹付け断熱材を採用する場合は省略することもあるが、より性能を担保するためには張ることが望ましい

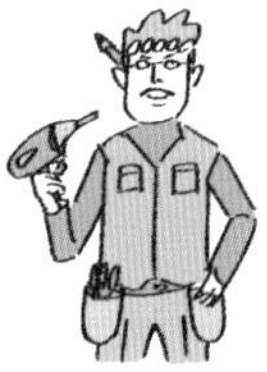

冬は暖かく、夏は
涼しい家になるぜ~

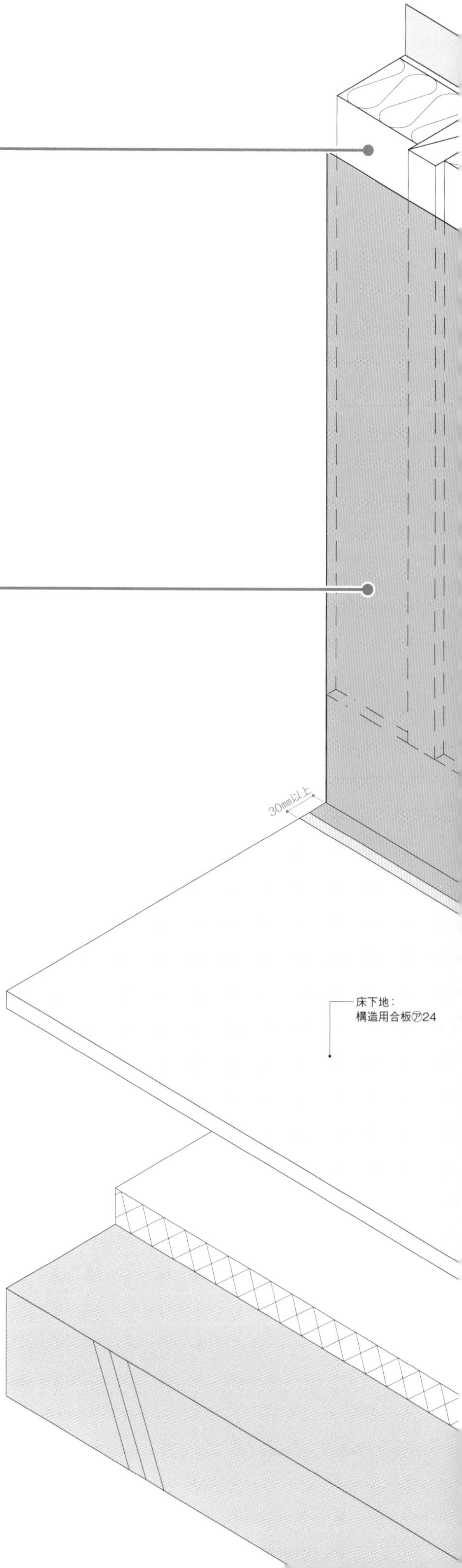
30㎜以上
床下地：
構造用合板㋐24

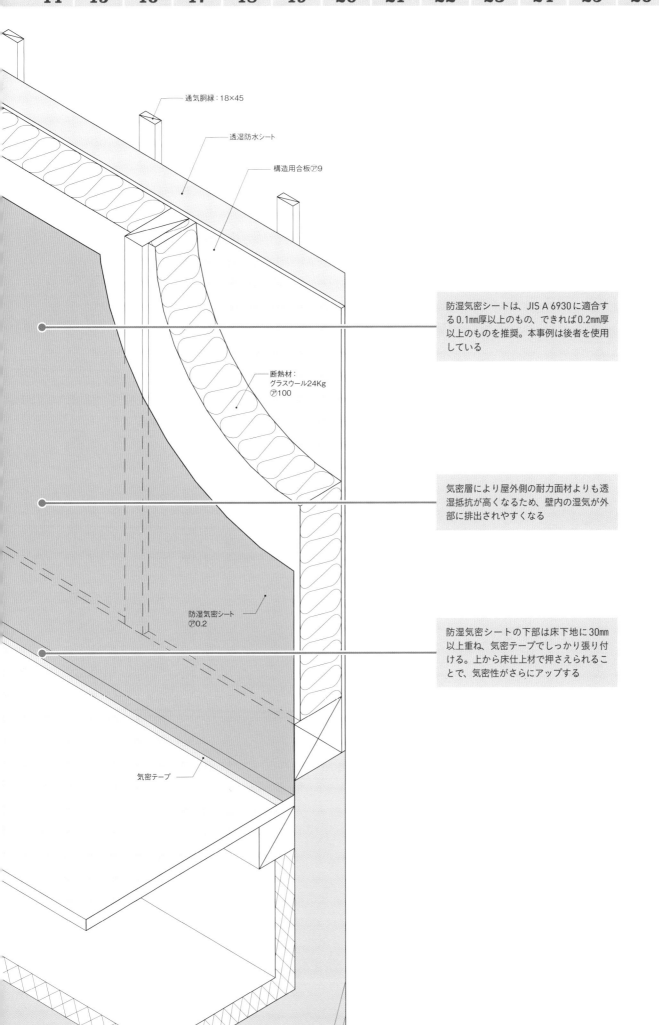

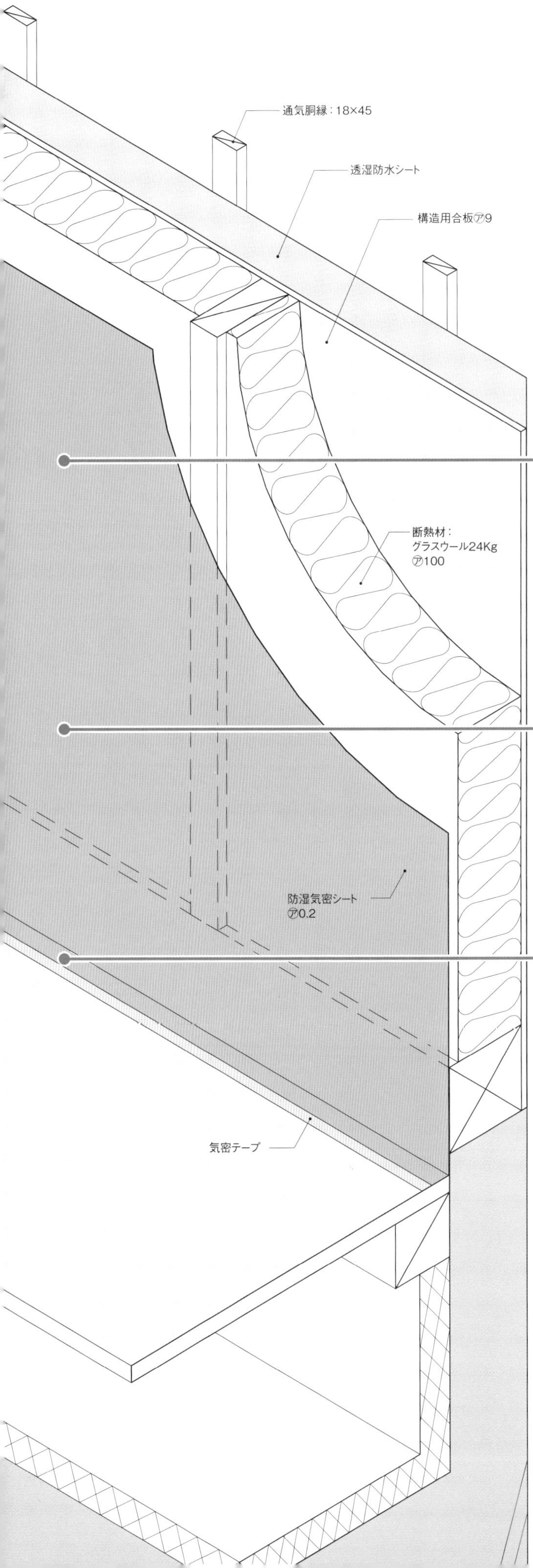
通気胴縁：18×45
透湿防水シート
構造用合板㋐9
断熱材：
グラスウール24Kg
㋐100
防湿気密シート
㋐0.2
気密テープ

防湿気密シートは、JIS A 6930に適合する0.1㎜厚以上のもの、できれば0.2㎜厚以上のものを推奨。本事例は後者を使用している

気密層により屋外側の耐力面材よりも透湿抵抗が高くなるため、壁内の湿気が外部に排出されやすくなる

防湿気密シートの下部は床下地に30㎜以上重ね、気密テープでしっかり張り付ける。上から床仕上材で押さえられることで、気密性がさらにアップする

壁の断熱 チェックリスト

A 分電盤の位置に要注意!

気密層を連続させようと注意を払ってプランニングする際、盲点になりがちなのが分電盤の位置だ。外壁に面した壁面に分電盤を設けると、数多い電気配線や配管のために気密層が破られ気密の担保が難しくなるので、これはなるべく避けたい。分電盤を外壁側に設けざるを得ない場合は、配線や配管類が気密シートを破らないように壁をふかすなどの工夫が必要である。また、戸袋を兼ねた壁への設置や、リビングなど人目につく場所、手が届かない場所への設置もできれば避けたい

筆者は通常、閉じた納戸内などに分電盤を設けることが多いが、本事例では適当な空間がないため、目に付きにくい書斎の背中側に設置した

1階平面図[S＝1：100]

袋入り・耳付きのグラスウールを使用する場合も、基本は袋なしのグラスウール施工時(上写真)と同様。耳どうしの重ね代を30mm以上取り、タッカーで間柱に留める

袋入りのグラスウールと袋なしのグラスウール

袋なしのグラスウールを柱・間柱間に隙間なく充填し、上から防湿気密シートを張った様子。グラスウールがパンパンに張った状態での施工が望ましい

袋入りのグラスウールをぶつ切りにして窓台やまぐさのような狭い部分に施工する場合、上から防湿気密シートを隙間なく張る必要があり二度手間である。このような場所でも袋なしのグラスウールのほうが施工が容易である

17

2～4 month

設備

断熱工事の次に、給排水設備や電気設備の隠蔽工事などが始まる。引渡し後にトラブルとならないよう、勾配や配管ルートを確認し、機能と意匠を両立させたい。

性能と意匠を両立させる監理を

給排水管は、所定の勾配が確保されていること、曲がりの少ない、無理のない配管ルートであることを確認する。意匠設計者は露出配管を避けたいがあまり、つい無理な配管ルートを設定しがち。無理をした部分は後にトラブルにつながり、対応に追われる確率も高くなる。現場の設備業者の意見も聞きながら、意匠と機能のバランスがとれた解決策を求めたい78頁 **A**。

電気設備配線では、コンセントやスイッチなどの所定位置にボックスを取り付ける。壁面のブラケット位置にも配線が出るが、この位置に違和感がないか、柱など下地との干渉はないかを現場でも確認する。照明器具などが図面上ではバランスのよい位置や高さだと思っても、光源が目に入ったり、器具が通行の妨げになったりするなど気づきにくいこともある。照明が取り付いた姿を現場でイメージして、問題点がないかを精査することが大事だ。

なお浴室について、浴室の工法はユニットバス、ハーフユニットバス、在来工法の3種に大別される。意匠面・性能面において、それぞれ一長一短があるので、プランや建て主の好み、予算に合った選択をしたい78頁 **B**。

[関本]

現場に関わる人々

現場監督

電気業者

ユニットバスメーカー

水道業者

		1st month				2nd month				3rd month				4th month
Week no.	1	2	3	4	5	6	7	8	9	10	11	12	13

外部配管・内部逃げ配管　　　内部配管　　　内部配線　　　内部配管・内部配線

2〜4 month

設備

1 電気配線の設置

配線ルートと設置する位置を確認する。特にブラケット高さなどは、いざ取り付けてみると、問題を抱えていることもある。照明器具が取り付いたイメージを配線位置に重ねて、本当にその位置でよいかを現場で再確認するのも重要な作業だ

設置場所を
よく確認してね

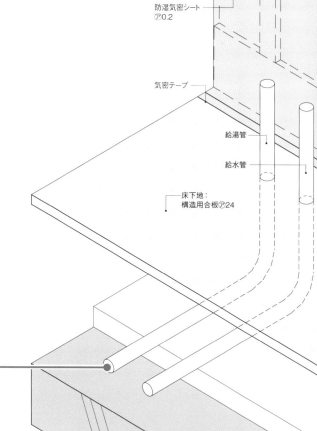

防湿気密シート
⑦0.2

気密テープ

給湯管

給水管

床下地：
構造用合板⑦24

2 給排水管の設置

勾配とルートを確認する。特に、排水管が寝室の近くを通っている場合は、雑音のためクレームになりやすい。この場合は防音ラッキングを巻くか、可能な限り寝室付近を避けた配管ルートを検討したい

排水管の
勾配の目安は
1／50以上だぞ

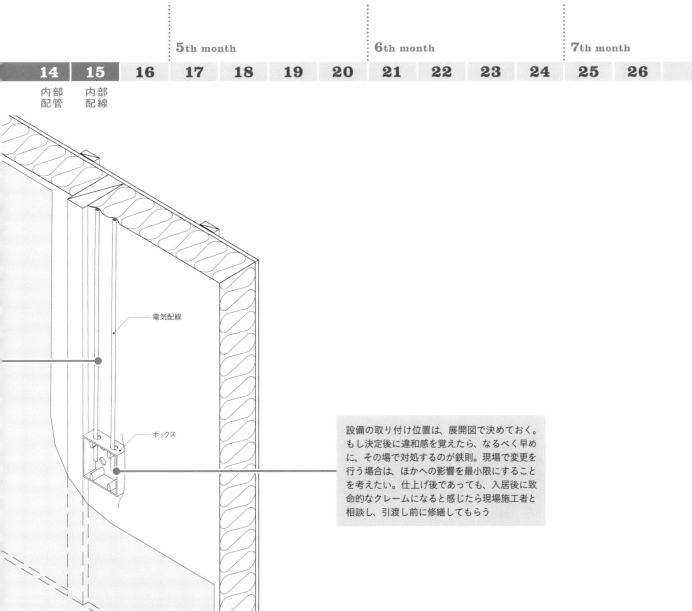

電気配線

ボックス

設備の取り付け位置は、展開図で決めておく。もし決定後に違和感を覚えたら、なるべく早めに、その場で対処するのが鉄則。現場で変更を行う場合は、ほかへの影響を最小限にすることを考えたい。仕上げ後であっても、入居後に致命的なクレームになると感じたら現場施工者と相談し、引渡し前に修繕してもらう

排水管

打継ぎライン

A >> P. 078
浴室の工法3種の特徴

B >> P. 078
基礎の排水管の納まり

設備 チェックリスト

本事例は2階浴室の
ハーフユニットよ

A 浴室の工法 3種の特徴

本事例では、階上浴室で、規格どおり納められる平面形状であったことから、ハーフユニットバスを採用した。腰上にはタイルと板張りを組み合わせ、メンテナンス性を確保しながら、ゆっくりとくつろげるような意匠の浴室とした［120頁参照］

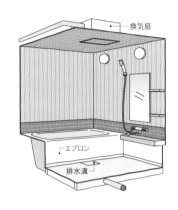
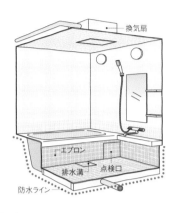

ユニットバス

ユニットバスは施工性が最も高く、かびや汚れの防止にも優れ、漏水のリスクも少ないという大きな利点がある。そのため、上階の浴室計画やメンテナンスへの配慮を優先したい場合や、浴室に対する建て主の意匠的優先度が低い場合などは、ユニットバスを採用する例も少なくない。欠点は、寸法の縛りがあること、工業製品のイメージが強く出てしまい、温かみに欠けることだろう

ハーフユニットバス

ハーフユニットバスは、ユニットバスの長所である施工容易性・漏水リスクの少なさを引き継ぎながらも、腰から上の仕上げや、建具・水栓金具などに自由度が残され、在来工法の自由度とユニットバスの合理性を併せもつ工法である。欠点としてはユニットバス同様、規格寸法に縛られることや、床や浴槽の仕上げなどに自由度がないことが挙げられる

在来工法

在来工法は、防水さえしっかり押さえておけば仕上げや寸法も含め、ほぼすべて自由に設計できる。浴室の意匠に優先度を置く場合や、プランニング上の理由から規格のユニットが入らない場合、外部と一体でつながるような浴室をつくりたい場合などに優れた工法といえる。短所は、防水工事に注意が必要な点と、メンテナンス性がよいとはいえないため、建て主の理解が必要な点だ

B 基礎の排水管の納まり

外部に露出させない納まりのときは、水の流入を極力避けるため、打継ぎラインより下の位置で通すんだ

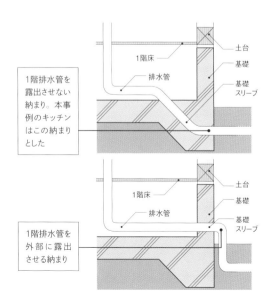
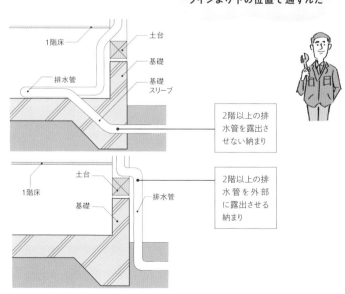

外壁下地

外壁下地は、モルタルの養生期間も含めると約2週間半の工程だ。下地の施工にはいくつかの方法があるので、それぞれの長所と短所を知って適した下地を選び、美しく仕上げたい。

クラックを防ぎ
美しく仕上げる

　湿式外壁下地には、木摺を使う、金属製ラスを使う、「ラスカット」(ノダ)などラスが不要な下地材を使う、などの方法がある82頁**A**。一般的にクラックが入りにくいとされる木摺下地だが、施工にやや手間がかかり下地も厚くなるため、サッシの納まりなどに注意を払う必要がある。筆者は、金属製ラスを用い、かつラス下地板を省略できるラス工法を採用している。施工の合理化、工程の簡略化、通気層の確保に加え、下地の厚みを薄く抑えられる利点もある。

　その後、モルタル下地の施工に入る。下塗り・上塗りの2工程となるが、サッシ廻りにシーリングを打つ場合は施工手順にも配慮したい。　　　　　　　　　　　　［関本］

現場に関わる人々

現場監督

断熱材メーカー

大工

4～5 month

外壁下地

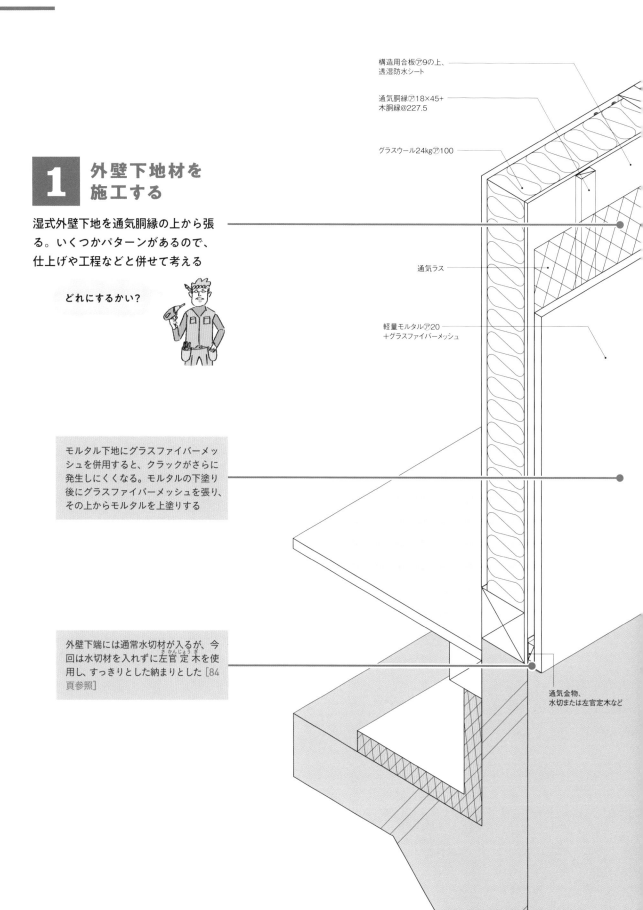

1 外壁下地材を施工する

湿式外壁下地を通気胴縁の上から張る。いくつかパターンがあるので、仕上げや工程などと併せて考える

どれにするかい?

モルタル下地にグラスファイバーメッシュを併用すると、クラックがさらに発生しにくくなる。モルタルの下塗り後にグラスファイバーメッシュを張り、その上からモルタルを上塗りする

外壁下端には通常水切材が入るが、今回は水切材を入れずに左官定木を使用し、すっきりとした納まりとした［84頁参照］

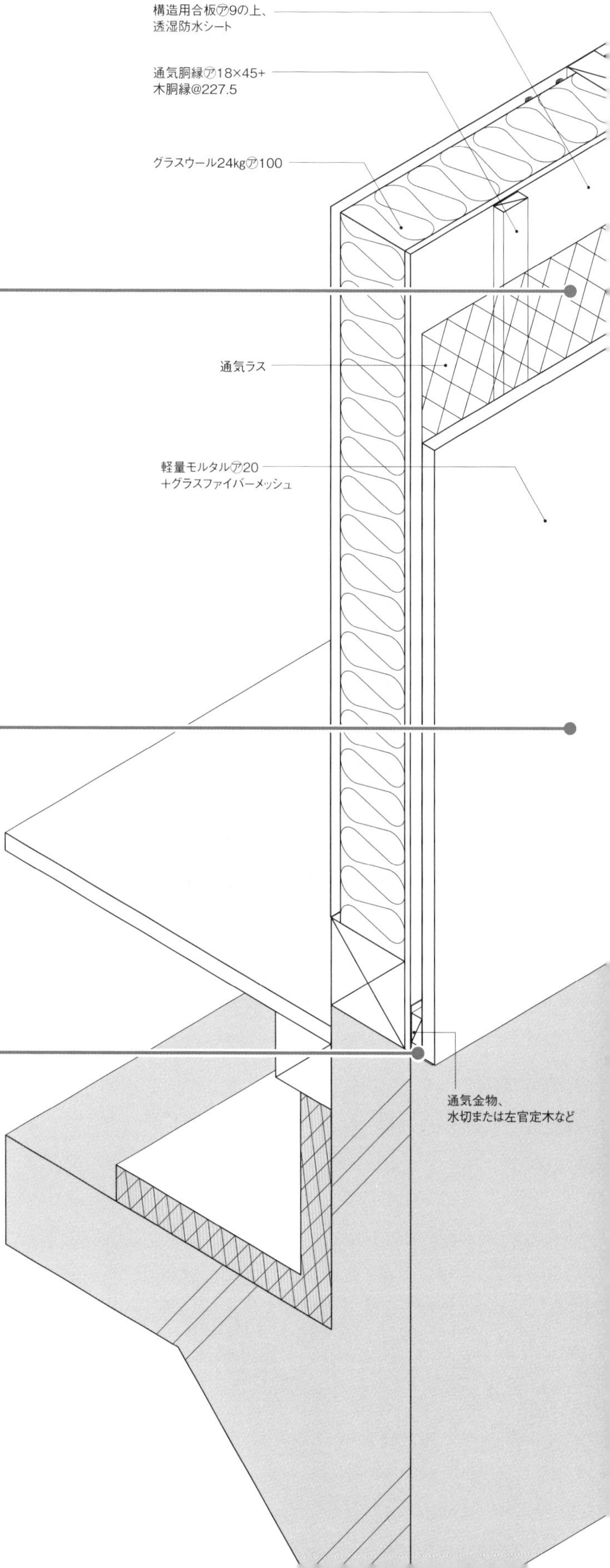
構造用合板㋐9の上、
透湿防水シート
通気胴縁㋐18×45+
木胴縁@227.5
グラスウール24kg㋐100
通気ラス
軽量モルタル㋐20
+グラスファイバーメッシュ
通気金物、
水切または左官定木など

			5th month			6th month				7th month		
14	15	16	17	18	19	20	21	22	23	24	25	26

ラス張り・下塗り＋養生期間　　上塗り・養生期間

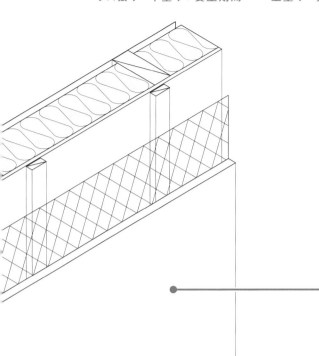

A >> P. 082
湿式外壁下地の
バリエーション

2 モルタルで下地をつくる

クラックを防ぎ、きれいな仕上げとするために、モルタル下地は下塗りと上塗りに工程を分ける。セメントの比率が多いほどセメント自体の強度が高まるので、下塗りはセメントを多めに、上塗りはセメントを少なめにし、下塗りのほうが強度の高い状態にすることがポイント。上塗りのほうが強いと、剥がれやすくなるからだ。なおクラックは、モルタルの水分が乾き収縮することで発生する。そこで、下塗り後に養生期間を置いてクラックを生じさせ、それを補修し、上塗りを行う。防火構造とする場合の塗り厚は、平12国交告1359号において、20mm以上の鉄網モルタルまたは木摺漆喰とするなどの仕様が定められている

下塗り後・上塗り後の
養生期間は十分に取ること。
それぞれ1週間は欲しいぞ!

外壁下地 チェックリスト

 A 湿式外壁下地のバリエーション

① 木摺下地

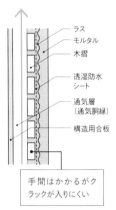

ラス
モルタル
木摺
透湿防水
シート
通気層
（通気胴縁）
構造用合板

最も一般的な下地。通気胴縁の上に、木摺、アスファルトフェルト、ラスの順に張り、モルタルを塗る

手間はかかるがクラックが入りにくい

② 通気ラス下地

→ 通気

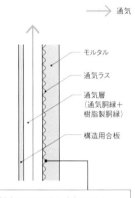

モルタル
通気ラス
通気層
（通気胴縁＋
樹脂製胴縁）
構造用合板

通気胴縁の間に、227.5mmピッチで樹脂製の胴縁（本事例では木胴縁）を追加し、その上に防水紙と一体になった通気ラスを張り、モルタルを塗る

従来のラス工法を改良したもの。ラスと防水紙が一体化しているため、防水ボードが不要となり、施工の手間を省きながら通気を確保できる

③ ラス下地

②以外のラス下地は、構造用合板の上に透湿防水シートとラスを張ってモルタルを塗る（通気なし）方法と、通気胴縁の上に防水ボードなどを張る（通気を確保）方法がある

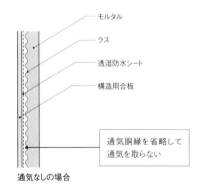

モルタル
ラス
透湿防水シート
構造用合板

通気胴縁を省略して通気を取らない

通気なしの場合

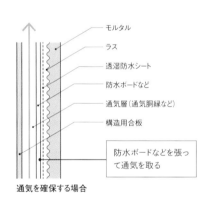

モルタル
ラス
透湿防水シート
防水ボードなど
通気層（通気胴縁など）
構造用合板

防水ボードなどを張って通気を取る

通気を確保する場合

 モルタルの仕上げ方

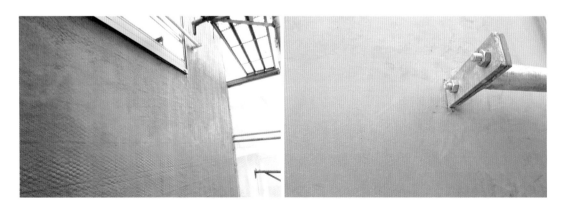

左：モルタル下地の下塗りの状態。サッシ廻りにシーリングを打つ場合は、下塗りをした後にシーリングを打ち、その上から上塗りで仕上げると、表からシーリングが見えなくなり、きれいに納まる｜右：モルタル下地の上塗りの状態

外壁仕上げ

湿式の外壁仕上げは、左官仕上げと吹付け仕上げに大別される。ここでは、コスト上の理由から筆者が選択することの多い吹付け仕上げを中心に解説する。

細部まで美しく仕上げる

　吹付け仕上げの塗料の色はメーカーに依頼して事前に見本を作成し、上棟時などに建て主と共有しておく。また同じ塗料でも色調の差が生じることもあるので、外壁仕上げ後に違和感を覚えることのないよう、施工前にもサンプルを発注し、色を確認しておきたい。

　湿式仕上げでは、端部、特に外壁下端の納まりが重要だ。筆者は、外壁下端には水切を設けず、左官用の見切材などを利用してシャープに納めている86頁**A**。吹付け仕上げの場合はマスキングも美しく仕上げるポイントとなる86頁**B**。

　板金仕上げは、外壁の出隅部や窓廻りの納まりなど、注意点がさらに多い。板金職人との事前の打ち合わせで詳細を詰めておこう。

[関本]

現場に関わる人々

| 大工 | 現場監督 | 板金職 | 左官職 | 塗装職 |

5～6 month

外壁仕上げ

1 色の確認を行う

色幅はないかな？

設計時点で、設計者は吹付け塗料の色のサンプルをメーカーから取り寄せ検討する。吹付け塗料の色が決定したら、必ず同じ色番で現場からもメーカーへサンプルの作成を依頼してもらう。指定した色番が同じでも、ロットの違いで微妙な差が生じることがあるからだ。施工前にその色幅をよく確認しておくこと

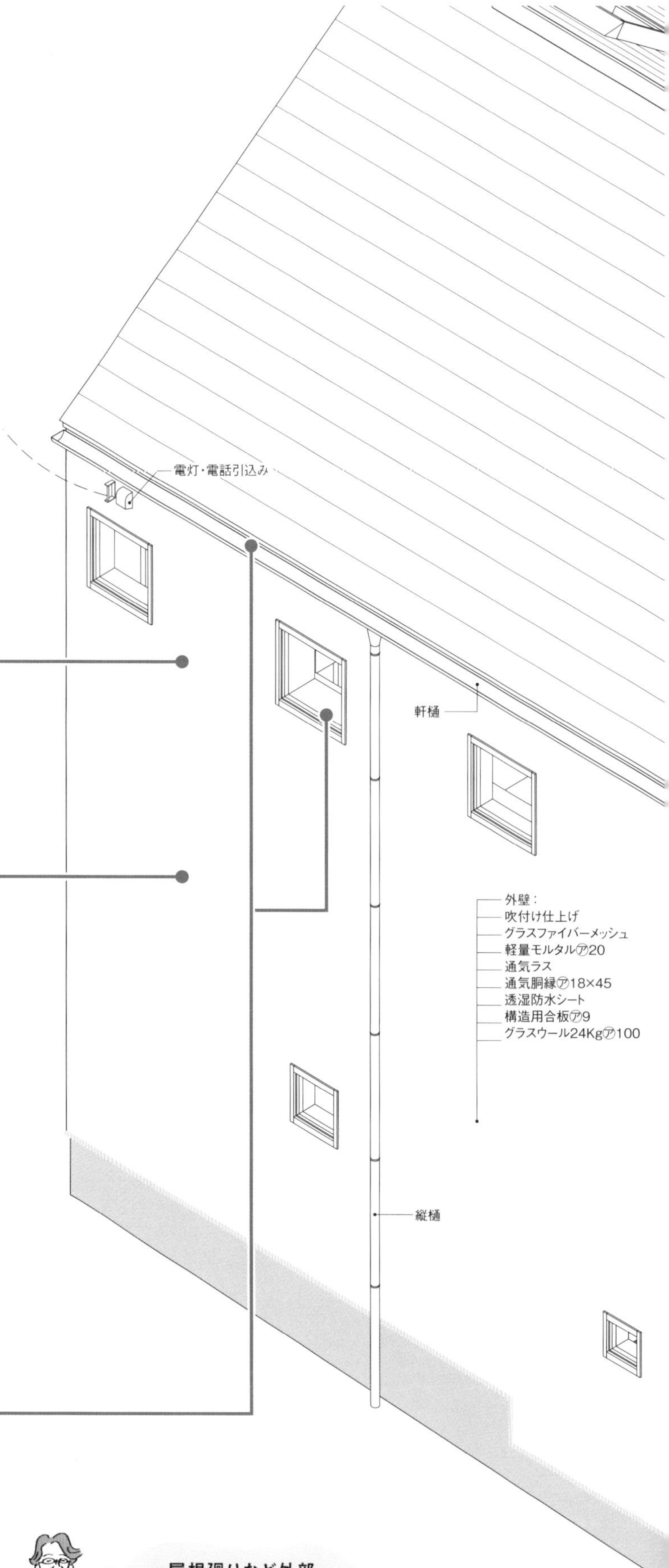
電灯・電話引込み
軒樋
外壁：
吹付け仕上げ
グラスファイバーメッシュ
軽量モルタル㋐20
通気ラス
通気胴縁㋐18×45
透湿防水シート
構造用合板㋐9
グラスウール24Kg㋐100
縦樋

2 吹付けを行う

吹付けの際はムラにならないよう均一に吹く。外壁下端や足場跡、マスキングなど、きれいな仕上げのポイントとなる箇所を把握しておく。狭小地などで隣家との離隔が十分にとれない場合、足場も外壁ぎりぎりに立てざるを得ないため、ガンを吹く際に足場跡のムラが外壁に残りやすくなる。特に大きな面を吹く場合、よく見える面の場合は現場と問題意識を共有しておかないと、大きなクレームにつながるおそれがあるので要注意だ

養生期間を含めて2日間くらいで完了するよ

3 足場解体前チェック

足場解体前に、屋根の突きつけや壁との取合い部分、サッシ廻りのほか、外壁に傷や汚れがないか、縦樋・軒樋が曲がっていないか、ベントキャップの設置忘れはないかなど、足場を外したら作業できなくなるところの施工状況を確認する。足場解体後、露出配管などの設備の設置に取りかかる

屋根廻りなど外部足場を外したら確認できなくなるところをチェックしておこう

14	15	16	**17** 5th month	18	19	**20**	**21** 6th month	**22**	23	24	**25** 7th month	26

樋吊り　外部塗装 足場解体

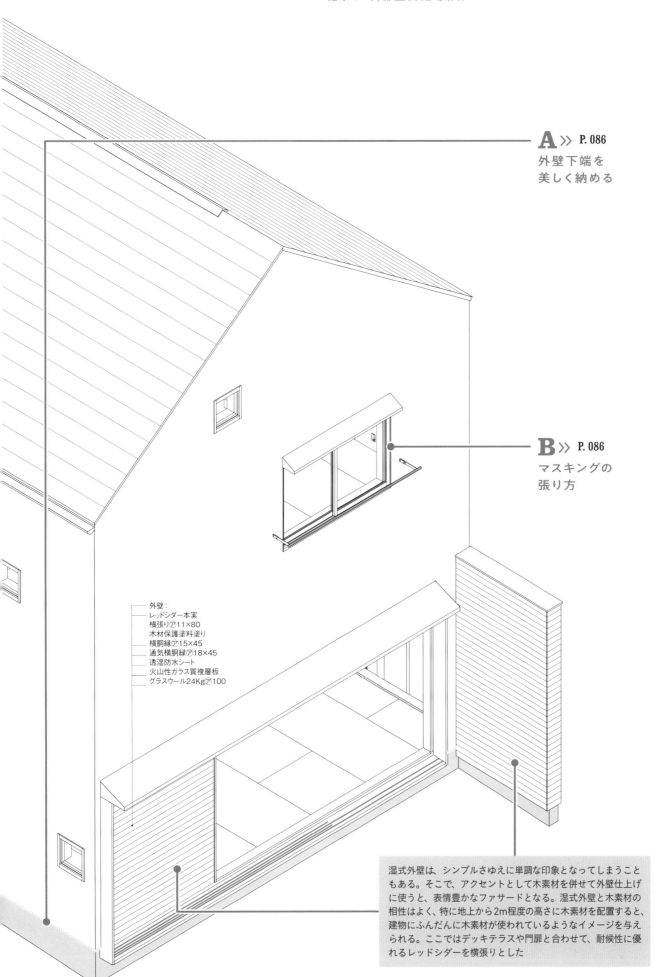

A ≫ P. 086
外壁下端を
美しく納める

B ≫ P. 086
マスキングの
張り方

外壁：
レッドシダー本実
横張り⑦11×80
木材保護塗料塗り
横胴縁⑦15×45
通気横胴縁⑦18×45
透湿防水シート
火山性ガラス質複層板
グラスウール24Kg⑦100

湿式外壁は、シンプルさゆえに単調な印象となってしまうこと
もある。そこで、アクセントとして木素材を併せて外壁仕上げ
に使うと、表情豊かなファサードとなる。湿式外壁と木素材の
相性はよく、特に地上から2m程度の高さに木素材を配置すると、
建物にふんだんに木素材が使われているようなイメージを与え
られる。ここではデッキテラスや門扉と合わせて、耐候性に優
れるレッドシダーを横張りとした

外壁仕上げ チェックリスト

A 外壁下端を美しく納める

湿式仕上げの外壁下端は、左官定木（さかんじょうぎ）（左官用の見切材）を利用して水切を設けない納まりとすることで、すっきりとした印象となる

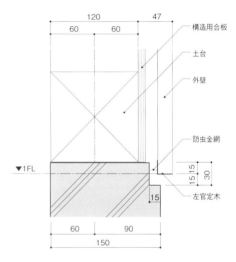

外壁下端納まり[S＝1:5]

B マスキングの張り方

サッシ廻りや板金との取合いはマスキングに気を配り、吹付け塗料のはみ出しがないようにする。マスキングは外壁正面にしか張っていないことが多いので、入隅部は折り返して張るなどの手間をかけると、きれいに仕上がる

サッシ廻りはマスキングテープを張って養生する

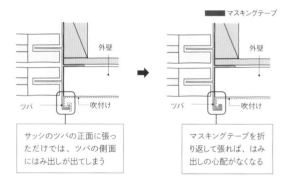

サッシのツバの正面に張っただけでは、ツバの側面にはみ出しが出てしまう

マスキングテープを折り返して張れば、はみ出しの心配がなくなる

吹付と木の組み合わせ

南側正面。全体は白色系の吹付け仕上げだが、一部を木仕上げとすることで、建物とデッキや外構が調和した印象になる

[写真：新澤一平]

床仕上げ

床仕上げの施工時期は、仕上げ材の種類によって多少異なるが、フローリングは屋根・外壁下地・内部下地の後すぐの施工が多い。フローリングはどこから張るかがポイントだ。

フローリングは
張り始めが肝心

フローリングを張る際には、張り始めをどの場所にするか、現場作業者と確認を行う90頁**A**。造作家具などをフローリングの働き幅［※1］で決めている場合はそれに従うほか、部屋の入口部分に極端な端材が入らないようにするなど、意匠との兼ね合いで臨機応変に判断する。

フローリングが定尺品［※2］の場合は、短辺方向のジョイントを、隣り合う板どうしで交互にずらすのか、成り行きでランダムに張るのか、どちらの張り方にするかを判断しなければならない90頁**B**。後者のほうが材料のロスは少ないが、仕上がりは前者のほうが美しい。本事例では交互にずらして張り、意匠的な美しさを追求した。　　　　［関本］

現場に関わる人々

現場監督　　大工

※1 材を重ねて使った際に、重なり代を除いて実際に使える部分の幅　※2 一般的に市販されている規格・寸法のもの

	1st month				2nd month				3rd month				4th month
Week no.	1	2	3	4	5	6	7	8	9	10	11	**12**	13

フローリング張り

3rd month

床仕上げ

1 張り始めを指示する ——

1階はリビング・ダイニングの出入口となる壁面(この図では手前部分)を張り始めとした。部屋に入る際、床がいきなり端材から始まると印象が悪いからだ。壁と床の取合いが目立つ箇所も、なるべく細かい端材を出さないようにする。床材が家具やカウンター下などに入り込む部分はあまり目立たないので、そこを調整部分とすることが多い

美しく仕上げてね!

2 フローリングを張る ——

張り方などによって施工期間は多少異なるが、およそ3日間で張り終わる。階段など、床仕上げより先に床に固定されるものがある場合、その部分のフローリング材をどこと合わせるかも検討する

任せて!

B ≫ **P. 090**
階段廻りの張り方

フローリング材が現場に届いたら、労を惜しまずに開梱して、目視で発注どおりかを確認したい。発注したものと異なるものが納品されることもまれにあるからだ。設計者はずっと現場にいるわけではないので、次に現場に来たときにはフローリングが張り上がり、すでに養生がかかっているということも少なくない。竣工間際に気づくなどの最悪の事態に陥らないよう、確認は常に怠らず、事故を未然に防ぎたい

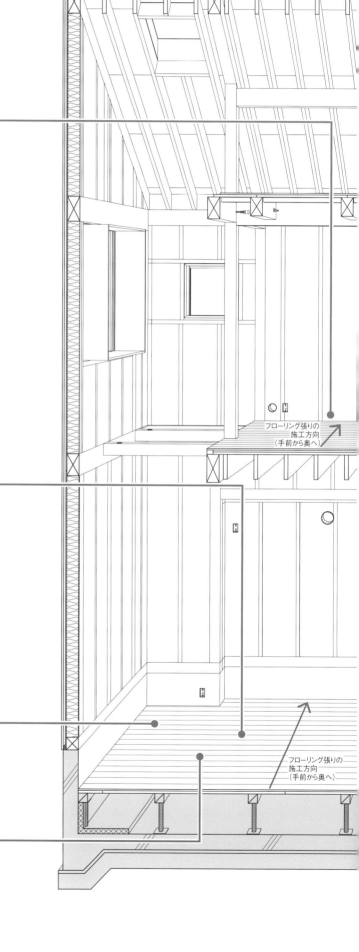

フローリング張りの
施工方向
(手前から奥へ)

フローリング張りの
施工方向
(手前から奥へ)

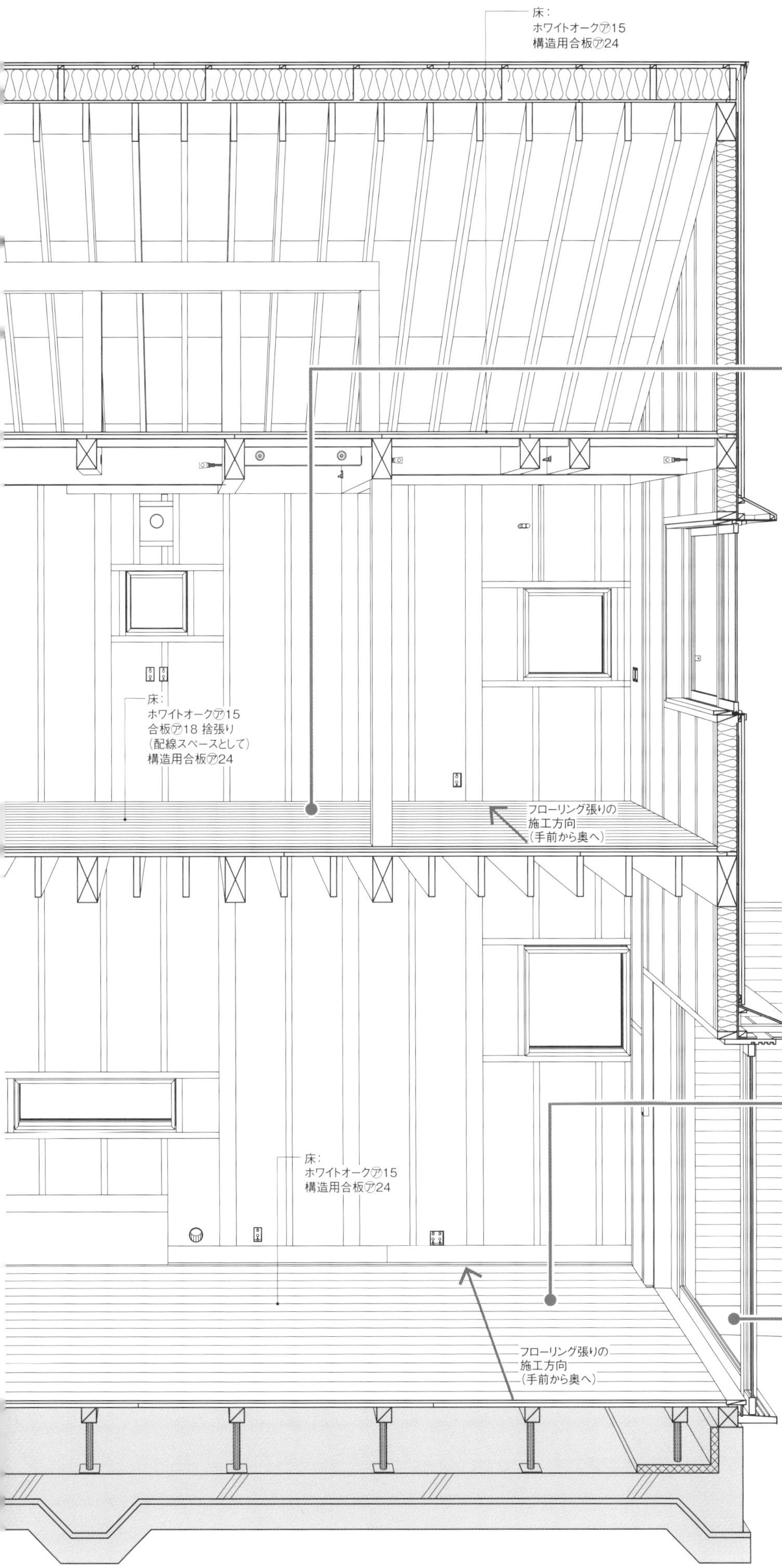

床：
ホワイトオーク㋐15
構造用合板㋐24
床：
ホワイトオーク㋐15
合板㋐18 捨張り
（配線スペースとして）
構造用合板㋐24
フローリング張りの
施工方向
（手前から奥へ）
床：
ホワイトオーク㋐15
構造用合板㋐24
フローリング張りの
施工方向
（手前から奥へ）

2階床はフローリングを張る前に、配線のための捨て張り合板を張る［100頁参照］

A » P. 090

フローリングの張り方のバリエーション

足場が外れたら、内装工事に入る前に木製建具を取り付ける

床仕上げ チェックリスト

 A フローリングの張り方のバリエーション

交互にずらして張るのか（左）、ランダムに張るのか（右）、同じフローリング仕上げでも張り方で印象が異なる。筆者は、定尺品は交互にずらすように張り、ユニジョイント品［※3］はランダムでもよいとしている

交互にずらして張った例。1枚おきに短辺方向のジョイント位置がそろう

ランダムに張った例。短辺方向のジョイント位置は不規則。ユニジョイント品でも同様の仕上がりとなる

 B 階段廻りの張り方

階段の側桁は床仕上げ以前に固定したため、床仕上げは右の2つの張り方が考えられる

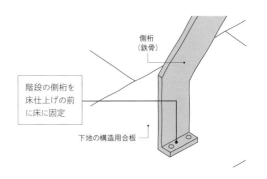

側桁（鉄骨）

階段の側桁を床仕上げの前に床に固定

下地の構造用合板

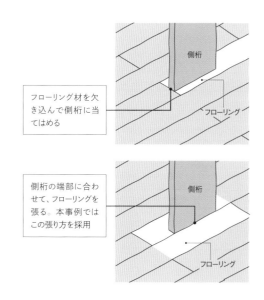

側桁

フローリング材を欠き込んで側桁に当てはめる

フローリング

側桁

側桁の端部に合わせて、フローリングを張る。本事例ではこの張り方を採用

フローリング

📷

床仕上げの張りはじめ位置は図面に指示しておく

1階リビング・ダイニングと階段。床仕上げは写真中央の壁を張り始めとした　［写真：新澤一平］

※3 縦方向に数枚つなぎ合わせて、定尺にしたもの

21

3rd month

階段

階段を取り付けるタイミングは、床仕上げとほぼ同時。段板は所定の寸法にプレカットされた状態で納品されることが多いので、施工図で寸法や納まりをよく確認する。

意匠と強度を両立するには

　階段の施工図では、まず登り始めの位置、蹴込み寸法や各部の納まりを確認することが大切だ。ルーターでノンスリップ加工をする場合はその寸法も確認する。

　本事例では、鉄製のフラットバー（9×125mm）を用いた鉄骨側桁を一部に使用した。鉄骨を使用すると、より薄くシャープに納められるうえ、デザインのアクセントにもなる。取り付けに際しては、端部が隠蔽となるよう、施工順序についても事前に確認を行うこと［92頁参照］。例としてはあまり多くないが、鉄骨に重量がある場合は、コンクリート下地（基礎打設前に計画）にすることもあるので、製作期間を加味し、先行して計画する必要がある。

　また、回り階段の場合、段板が鋭角になる部分は、強度上の理由から納まりに所定の逃げ寸法が必要になる。鋭角になる部分の固定部分が十分に取れるか、大工に確認することも重要な監理ポイントだ94頁C。　　［関本］

現場に関わる人々

現場監督　　大工

	1st month				2nd month				3rd month			4th month	
Week no.	1	2	3	4	5	6	7	8	9	10	11	12	13

階段鉄骨　階段
搬入・取り付け　取り付け

3rd month

階段

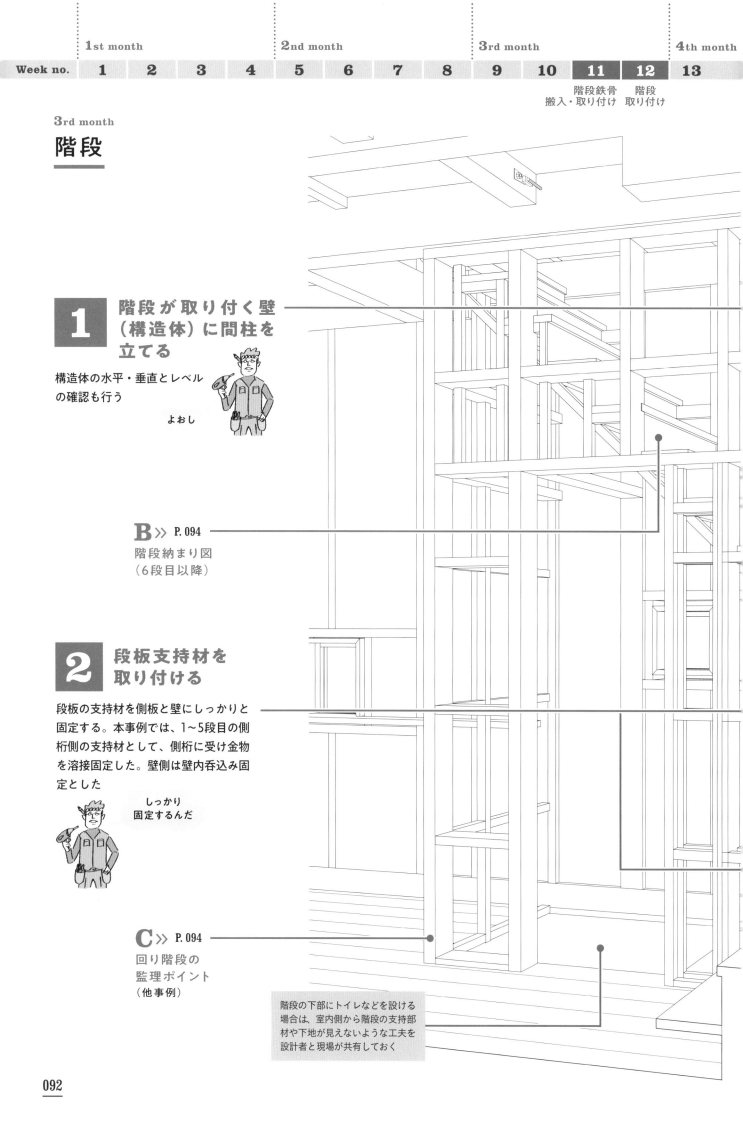

1 階段が取り付く壁（構造体）に間柱を立てる

構造体の水平・垂直とレベルの確認も行う

よおし

B >> P. 094

階段納まり図
（6段目以降）

2 段板支持材を取り付ける

段板の支持材を側板と壁にしっかりと固定する。本事例では、1〜5段目の側桁側の支持材として、側桁に受け金物を溶接固定した。壁側は壁内呑込み固定とした

しっかり
固定するんだ

C >> P. 094

回り階段の
監理ポイント
（他事例）

階段の下部にトイレなどを設ける場合は、室内側から階段の支持部材や下地が見えないような工夫を設計者と現場が共有しておく

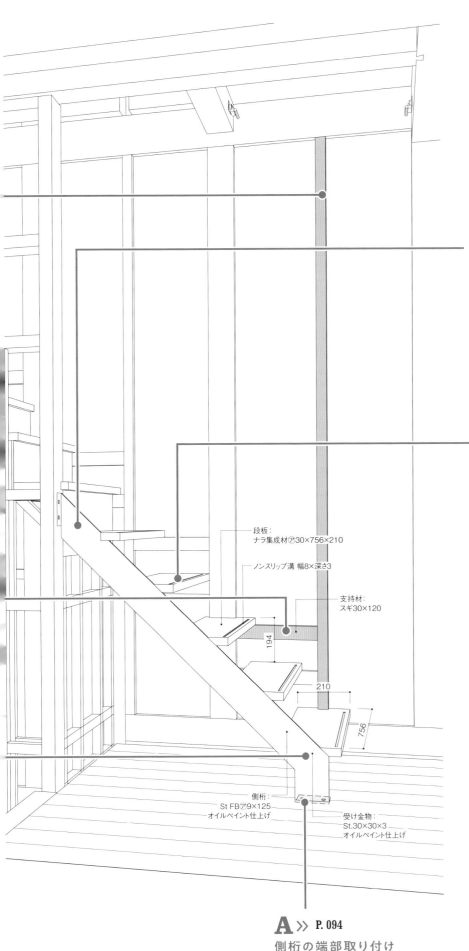

段板：
ナラ集成材ア30×756×210

ノンスリップ溝 幅8×深さ3

支持材：
スギ30×120

194

210

756

側桁：
St FBア9×125
オイルペイント仕上げ

受け金物：
St.30×30×3
オイルペイント仕上げ

A ≫ **P. 094**
側桁の端部取り付け
手順を忘れずに確認

3 側桁を取り付ける

本事例では、1～5段目の廊下側の側桁に鉄骨を採用した。この側桁の端部はフローリングの下に納めて、隠蔽する必要があるため、ここまでの工程は床仕上げ［88頁参照］よりも前に行う

下地補強・
端部納まりも
確認しようぜ

4 下段から上段の順に段板を取り付ける

段板を段板支持材にビスで留める。柱・間柱と干渉する部分は、段板を欠き込む。段板の次に蹴込み板を取り付け、これらを下段から上段へ順に取り付ける。ただし筆者は、鉄骨側桁の場合は透かし階段にすることが多い。この事例でも、鉄骨を使用している1～5段目は蹴込み板を省略している

強度を
確保するぞ！

5 手摺用下地を取り付ける

柱・間柱間に手摺用下地を取り付け、その上に壁下地（石膏ボード）を張る。手摺の取り付けは全体工程の最後になることが多い。仕上げ塗装は内部建具の塗装と同じタイミングで行う

階段取り付けは
1日で完了！

階段 チェックリスト

A 側桁の端部取り付け
手順を忘れずに確認

側桁の端部を隠蔽するために、床仕上げ［88頁参照］より先に固定する必要がある。取り付けの施工手順についても事前に確認を行う

B 階段納まり図
（6段目以降）

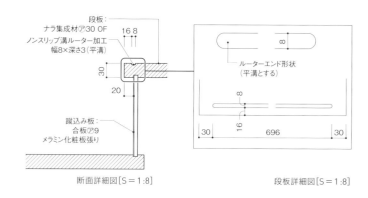

段板：
ナラ集成材ア30 OF
ノンスリップ溝ルーター加工
幅8×深さ3（平溝）

蹴込み板：
合板ア9
メラミン化粧板張り

ルーターエンド形状
（平溝とする）

断面詳細図[S＝1:8]　　段板詳細図[S＝1:8]

C 回り階段の
監理ポイント

本事例は直行階段だが、回り階段の場合は、強度を確保するため、段板が鋭角で取り付く部分の納まりや固定部分の寸法をよく確認すること（写真は他事例）

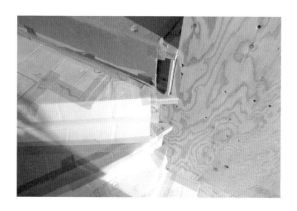

📷

5段目までは
鉄骨＋木造の階段

1階階段部分。1段目〜5段目の側桁に鉄骨を用い、透かし階段とした

内部木枠・幅木

内部木枠は、間仕切壁を設置する際に一緒に設ける。幅木は形状によって施工時期が変わるので注意。出幅木は間仕切壁を設置する際に、付け幅木は石膏ボード設置後に施工する。

木枠と幅木は共通ルールをつくる

　窓や建具廻りの木枠は、近くでは各要素が破綻なく連続して見え、遠くからは隠すべきものを隠し、空間に違和感なく溶け込むようにするとよい98頁**AB**。また、繊細な納まりにしすぎると、経年に伴い不具合を起こしやすくなるので注意したい。

　工事現場では各部分の納まりで混乱が生じやすい。枠廻りでは壁からのチリ［※］や見付け寸法、コーナーの納まりでは留め・縦勝ちなどに一定の共通ルールを決めておくとよい98頁**C**。

　幅木は、壁の下端を保護する役割のほか、壁仕上げと床との施工精度を調整する役割も担う。幅木の納まりは、幅木の上に石膏ボードを載せる出幅木が一般的だが、石膏ボードを床まで張り延ばして、その上に薄い幅木を張り付ける付け幅木もある。前者のほうが隙間が生じにくく強度も高いが、施工は後者のほうが楽でコストも抑えられる。筆者は臨機応変に選択している98頁**B**。　　　　［関本］

現場に関わる人々

現場監督　　　大工

※ 枠などの造作物の表面と壁面との差

	1st month				2nd month				3rd month				4th month
Week no.	1	2	3	4	5	6	7	8	9	10	11	12	**13**

枠材加工・設置

4〜5 month

内部木枠・幅木

1 下がり壁の下地を組む

作業手順は、①下がり壁の位置・レベルを周辺の梁・根太、構造用合板、柱・間柱に墨出しする。②梁・根太に吊り材30×30を303mmピッチでビス留めする。③吊り材を下部受け材にビス留めする

内部木枠は枠加工で約1日、取り付け・調整で約1日、幅木取り付けは約1日かかるよ

2 間仕切壁の下地を組む

作業手順は、①間仕切壁の位置を周辺の梁・根太、構造用合板、柱・間柱に墨出しする。②上下に間柱受け30×120をビス留めし、間柱30×120を455mmピッチでビス留めする。③ボードを上下に張る場合は、横胴縁30×120を610mmピッチで間柱間に渡してビス留めする

建具用の木枠もこのときに設置するよ

C ≫ P. 098
扉の戸当りは
柱に固定

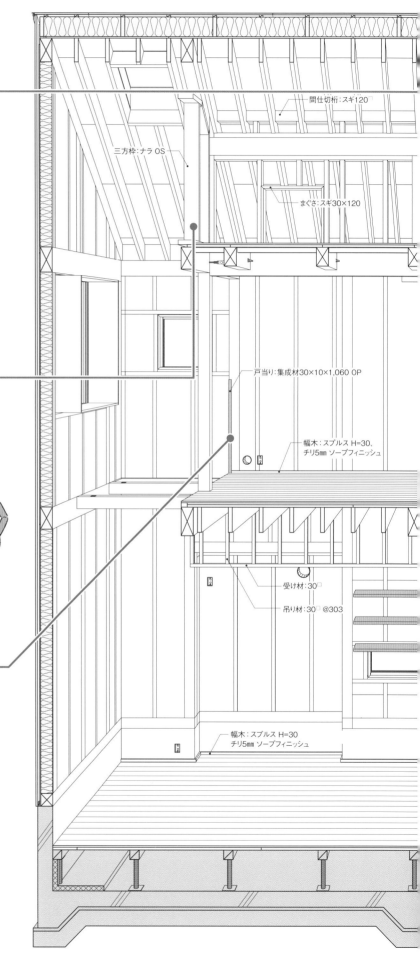

間仕切桁：スギ120

三方枠：ナラ OS

まぐさ：スギ30×120

戸当り：集成材30×10×1,060 OP

幅木：スプルス H=30、
チリ5mm ソープフィニッシュ

受け材：30□

吊り材：30□ @303

幅木：スプルス H=30
チリ5mm ソープフィニッシュ

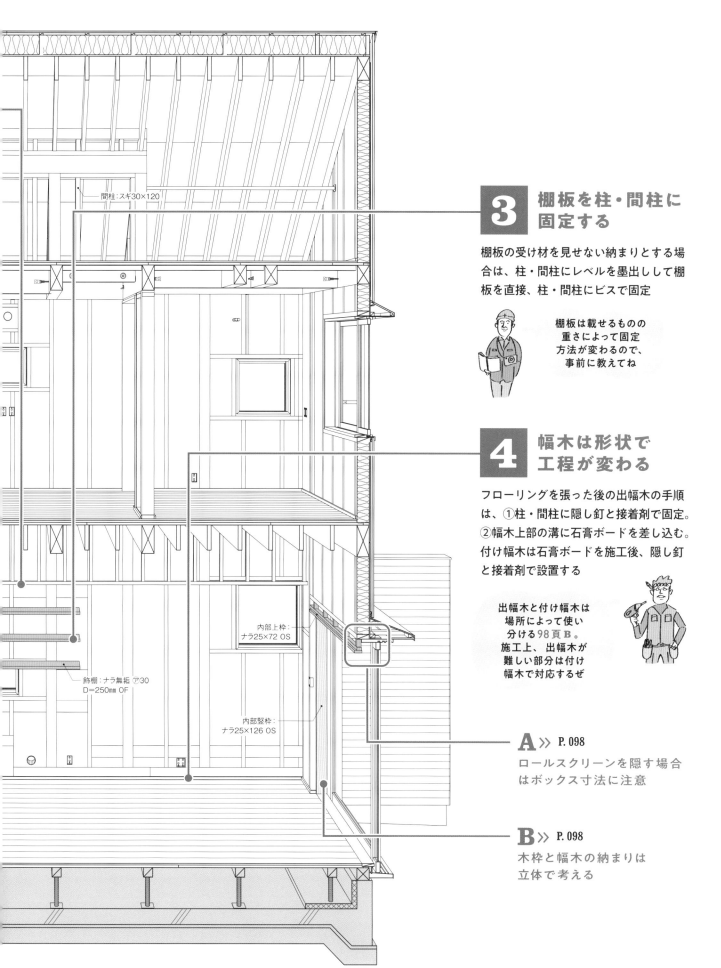

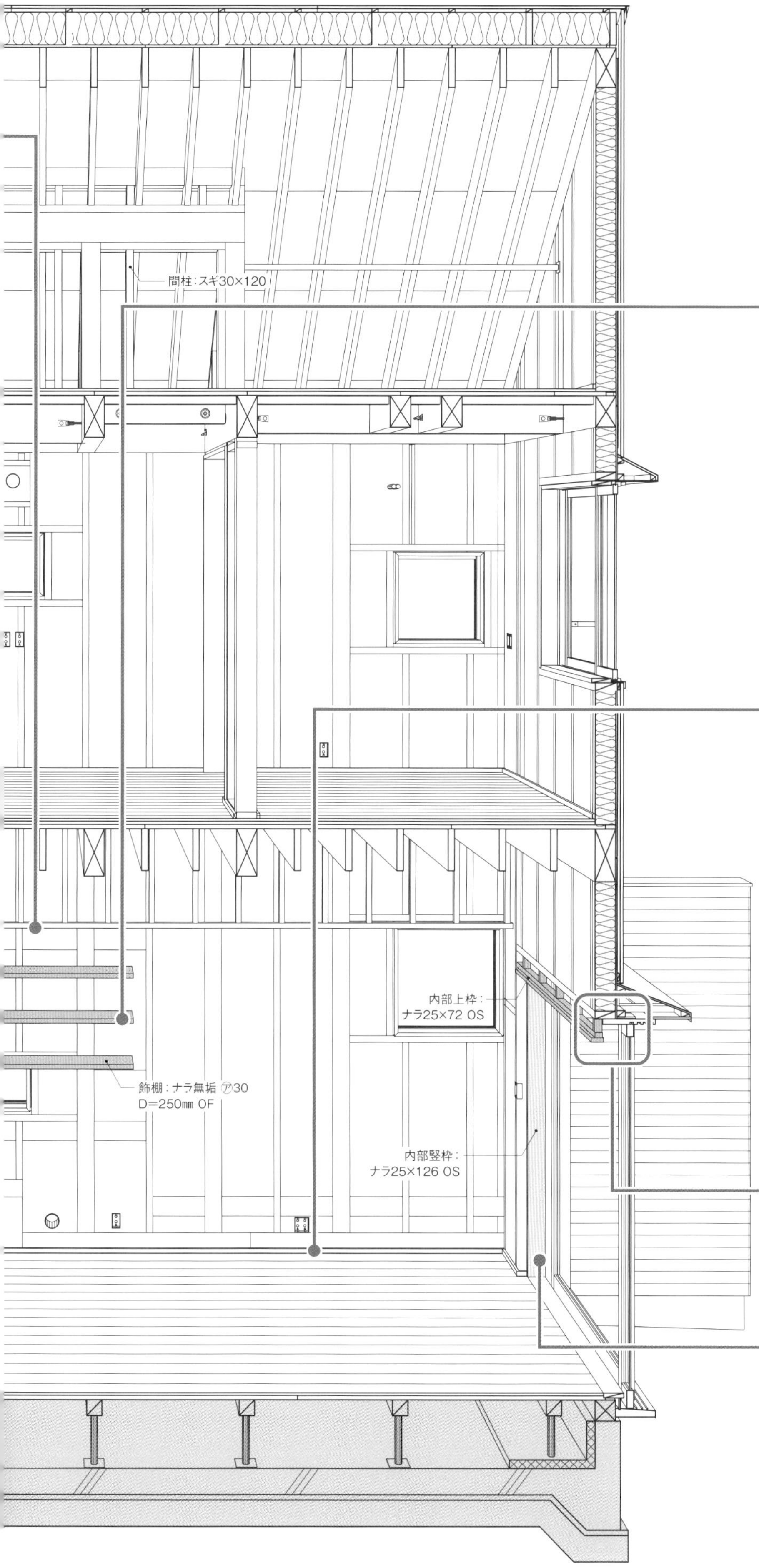
間柱：スギ30×120
内部上枠：
ナラ25×72 OS
飾棚：ナラ無垢 ㋐30
D=250mm OF
内部竪枠：
ナラ25×126 OS

3 棚板を柱・間柱に固定する

棚板の受け材を見せない納まりとする場合は、柱・間柱にレベルを墨出しして棚板を直接、柱・間柱にビスで固定

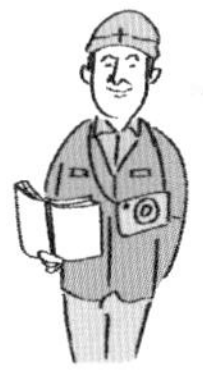

棚板は載せるものの重さによって固定方法が変わるので、事前に教えてね

4 幅木は形状で工程が変わる

フローリングを張った後の出幅木の手順は、①柱・間柱に隠し釘と接着剤で固定。②幅木上部の溝に石膏ボードを差し込む。付け幅木は石膏ボードを施工後、隠し釘と接着剤で設置する

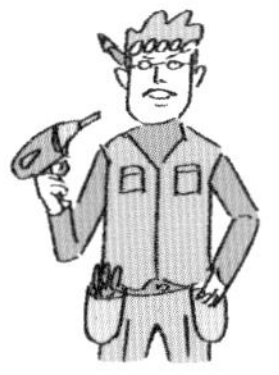

出幅木と付け幅木は場所によって使い分ける98頁B。施工上、出幅木が難しい部分は付け幅木で対応するぜ

A » P. 098
ロールスクリーンを隠す場合はボックス寸法に注意

B » P. 098
木枠と幅木の納まりは立体で考える

内部木枠・幅木 チェックリスト

A ロールスクリーンを隠す場合はボックス寸法に注意

ロールスクリーンやブラインド、カーテンレールなどをボックスで隠す場合、用いるものによってボックスの必要寸法が異なる。そのため、用いるものを事前に決定しておく

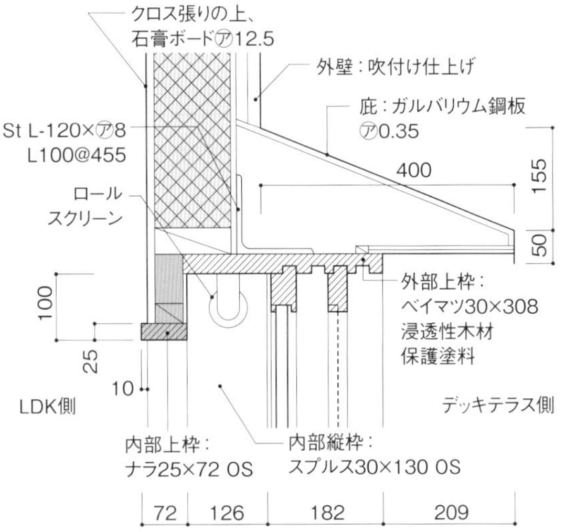

クロス張りの上、
石膏ボード㋐12.5
外壁：吹付け仕上げ
庇：ガルバリウム鋼板
㋐0.35
St L-120×㋐8
L100@455
400
155
50
ロール
スクリーン
100
25
10
外部上枠：
ベイマツ30×308
浸透性木材
保護塗料
LDK側
デッキテラス側
内部上枠：
ナラ25×72 OS
内部縦枠：
スプルス30×130 OS
72
126
182
209

ロールスクリーンボックス廻り断面詳細図［S＝1:12］

C 扉の戸当りは柱に固定

可動式腰壁はボードを張ってから設置する。戸当りを壁側に設置する場合は、戸当りにかなりの力が加わるため、ボードを張る前に柱にビス留めして固定しておくとよい。ここでは幅木と幅・チリをそろえて、すっきりと見せている

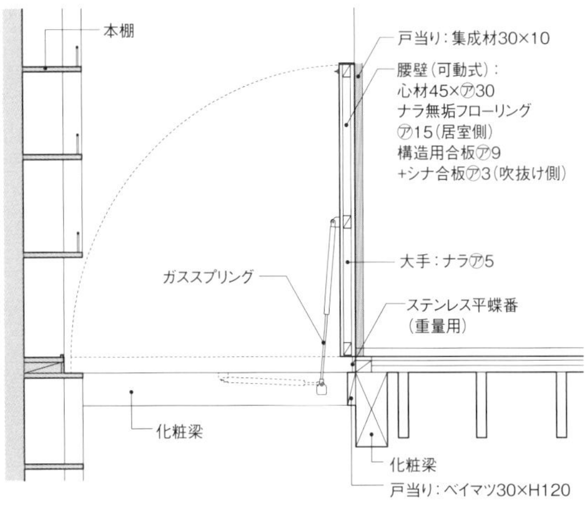

本棚
戸当り：集成材30×10
腰壁（可動式）：
心材45×㋐30
ナラ無垢フローリング
㋐15（居室側）
構造用合板㋐9
+シナ合板㋐3（吹抜け側）
大手：ナラ㋐5
ガススプリング
ステンレス平蝶番
（重量用）
化粧梁
化粧梁
戸当り：ベイマツ30×H120

戸当り廻り断面図［S＝1:30］

B 木枠と幅木の納まりは立体で考える

木枠をすっきり見せるためにクロス張りの壁に抱きをつくる場合、下部の幅木も木枠までつなぐ。巻き込む部分は出幅木が難しいため、付け幅木にすると施工性がよい

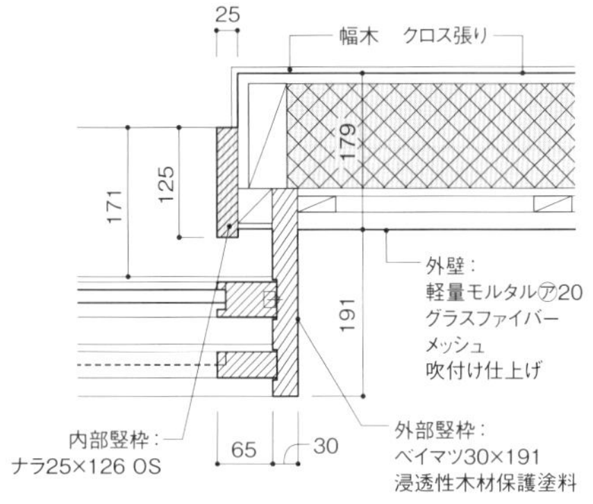

25
幅木
クロス張り
179
171
125
外壁：
軽量モルタル㋐20
グラスファイバー
メッシュ
吹付け仕上げ
191
内部竪枠：
ナラ25×126 OS
65
30
外部竪枠：
ベイマツ30×191
浸透性木材保護塗料

建具木枠廻り平面詳細図［S＝1:12］

クロス張の壁に抱きをつくる

南側の掃き出し窓の木枠はクロス張りの壁に抱きをつくることで、すっきりと見せている

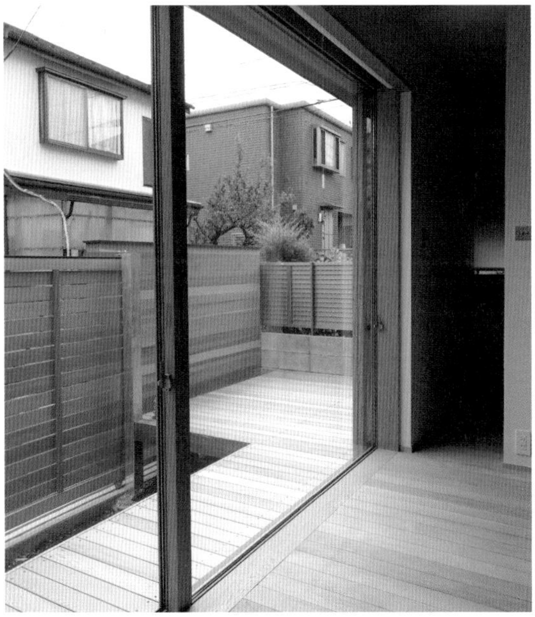

合板天井は
割付け図が必要

　天井に石膏ボードを張る場合は、パテで表面を平滑に仕上げるため、天井伏図にボードの割付けの記載は不要。しかしシナ合板などを用いる合板天井の場合は、ジョイントが見えるため、割付けが必要となる。現場ではその割付けに従って野縁が組まれるので、合板の規格に応じた合理的な割付けを考えるとよい。また、照明器具や換気扇などの配置計画は、ジョイント部の野縁を考慮して行いたい102頁**B**。

　天井高を確保するため天井裏をどこまで低く抑えるかは、意匠設計者の悩みどころ。大梁などがある場合、その梁下ぎりぎりまで天井を上げたくなるが、ボード1枚分（9.5mm程度）だと施工の難度が著しく高まる。梁底から天井仕上げまでを50mm程度確保すれば、何とか施工できる。天井隠蔽型のエアコンの冷媒管や換気扇のダクト、上階の配管などを、梁と野縁受けの間に通せるか、事前に検証しておかないと、現場に入ってから大きな変更を強いられることになるので注意したい。

[関本]

23
4th month

天井下地

野縁の組み方は、野縁受けの下に直交して野縁を配する方法と、野縁受けと野縁の高さをそろえる方法（井桁）の2つ。後者のほうが高さは抑えられるが、施工手間がかかる。

現場に関わる人々

現場監督　　大工

4th month

天井下地

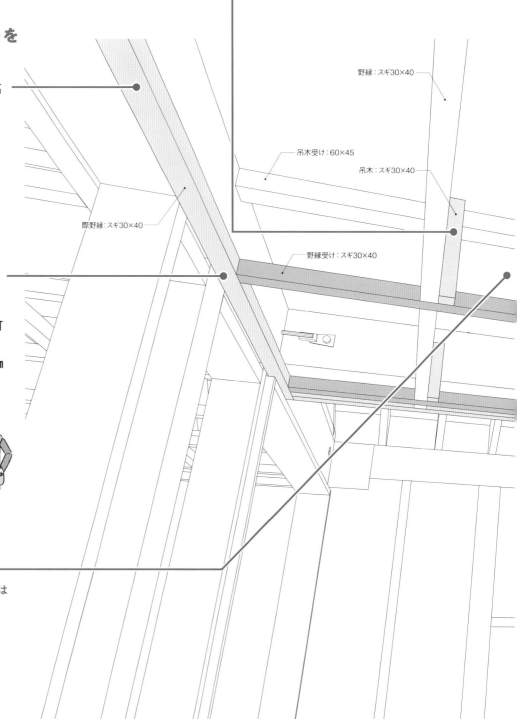

1 野縁のレベルを出す

天井周辺の柱・間柱に、野縁の高さを墨出しする

野縁は天井の石膏ボードや合板を留めるための下地材だよ

2 際野縁を柱・間柱に設置

野縁周囲の際野縁を柱と間柱に釘打ちして設置。際野縁・野縁は、通常、断面の大きさが30×40mmの材を使用

野縁のなかで壁際にあるものを際野縁というんだぜ。天井下地の工期は2日ぐらいだな

3 吊木を設置

吊木を910mmピッチで設置。吊木を留める梁などの支持材がない場合は、吊木受けを上階床下地材の構造用合板などに釘打ちで設置し、吊木の支持材とする。吊木・吊木受けは、通常、断面の大きさが30×40mmの材を使用

ここでは吊木を梁にビス打ちで留めていくぜ

野縁：スギ30×40

吊木受け：60×45

吊木：スギ30×40

際野縁：スギ30×40

野縁受け：スギ30×40

A 》 P.102
構造露し天井の場合は上階から通線

B 》 P.102
天井裏に余裕がある場合

4　野縁受け・野縁を設置

天井裏に余裕がなく、天井高を確保するため、野縁受けと野縁の高さをそろえている（井桁）。その場合の手順は、①際野縁と高さをそろえて野縁受けを渡し、釘打ち。野縁受けは910mmピッチで設置。②野縁受けと直交する野縁は、野縁受けと高さをそろえて釘で455mmピッチに留め付ける。天井裏の高さに余裕がある場合は、野縁受けの下部に野縁を直交させて設置する。前者のほうが施工手間がかかるため、場所ごとに使い分けるとよい

井桁の
つくり方には、
野縁受けと野縁を
相欠きにして
組む方法、
野縁受けの間に
野縁を差し込んで
釘打ちで留める
方法があるよ

5　吊木に野縁を留付け

天井高さに調整しながら、**3**の吊木に**4**の野縁を留め付ける。天井が水平に見えるように、中央部の野縁の高さを10mmほど高くして吊木に釘で留め付ける

天井高さを
確認しろよ！

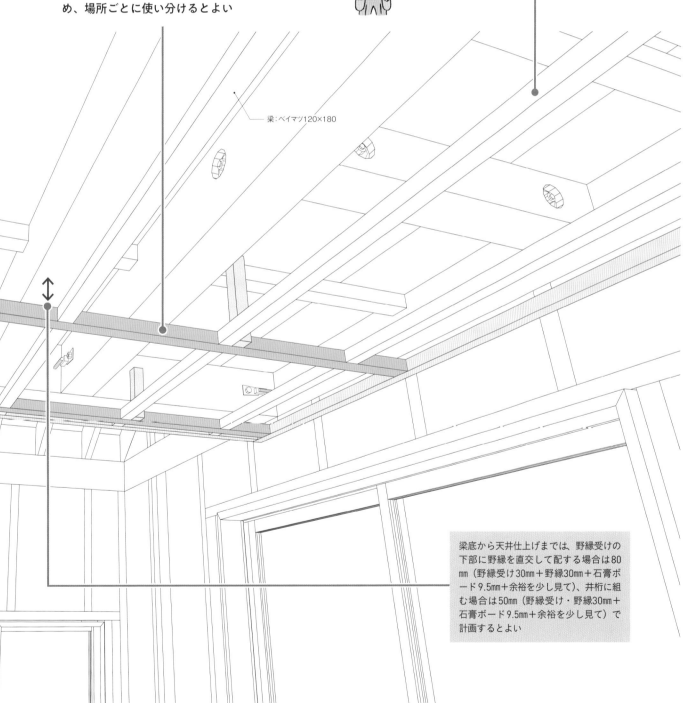

梁：ベイマツ120×180

梁底から天井仕上げまでは、野縁受けの下部に野縁を直交して配する場合は80mm（野縁受け30mm＋野縁30mm＋石膏ボード9.5mm＋余裕を少し見て）、井桁に組む場合は50mm（野縁受け・野縁30mm＋石膏ボード9.5mm＋余裕を少し見て）で計画するとよい

天井下地 チェックリスト

 A 構造露し天井の場合は
上階から通線

配管のほか、照明用の電気配線も天井裏に通線する。構造露し天井の場合、見上げた際に配線が見えてしまうため、上階の床フローリング下に合板を捨て張りし、合板どうしの隙間に配線するとよい［88頁参照］。照明位置に、下材の合板に孔をあけて照明を設置すれば、すっきりとした見え方となる

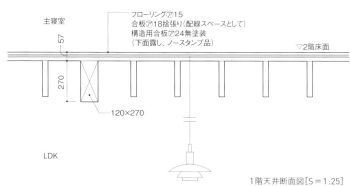

主寝室
57
270
120×270
LDK
フローリングア15
合板ア18捨張り（配線スペースとして）
構造用合板ア24無塗装
（下面露し、ノースタンプ品）
▽2階床面

1階天井断面図[S＝1：25]

 B 天井裏に
余裕がある場合

天井裏に余裕がある場合は、野縁受けの下に直交して野縁を配する。その場合の手順は、①際野縁の上に野縁受けを渡し、釘打ち。②野縁受けは910mmピッチで設置。③野縁受けと直交する野縁は、際野縁と高さをそろえて釘で455mmピッチに留め付ける

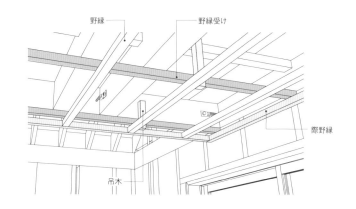

野縁　野縁受け　際野縁　吊木

📷

天井裏に余裕があるかないかで計画が変わる

天井裏に配管を通す場合は、排水勾配や保温ラッキング［※］を含めた高さで実施設計時に計画しておく

野縁　吊木　野縁受け

イラストと異なり、天井裏に余裕がある部分の天井下地。梁に吊木を固定→野縁受けを設置→その下に直交して野縁を設ける

※ 保温・保冷の目的で、給水管、給湯管、冷媒配管などを断熱材で被覆し、アルミ、ステンレス、鋼板＋塗装材などを使って巻くこと

24

内部壁工事

石膏ボードなどの内部壁材は、柱・間柱、横胴縁に釘・ねじで留め付ける。告示仕様の耐力壁とする場合は、ねじは用いず釘での留付けとなるので注意したい。

塗装や左官は2重張り

内部壁材は、石膏ボードで組まれることが多い。クロス張りなどの場合には12.5mm厚の石膏ボードをシングル張りとする。塗装や左官仕上げの場合は、ボードの動きに仕上げ材が追従しにくく、クラックが発生しやすいので、不具合を防ぐため9.5mm厚の石膏ボードを2重張りにするとよい。2重張りの場合、上張りの石膏ボードは、下地の石膏ボードの動きを分散するため、下地のボードとジョイントの位置をずらして千鳥張りとする。石膏ボードを張るのは大工の作業だが、パテをしごき平滑な下地をつくるのは各仕上げ工となる［116頁参照］。下地の仕上げに不陸があると、クロスなどの仕上げ材を張った際に目立つため要注意。

キッチンや洗面所廻りは、水の影響を受けるため耐水ボードを用いる。コンロ廻りには耐火の観点から不燃石膏ボードやケイ酸カルシウム板などを下地に使う。使用部位に合ったボードを使い分ける106頁**A**。　　［関本］

現場に関わる人々

現場監督　　大工

	1st month				2nd month				3rd month				4th month
Week no.	1	2	3	4	5	6	7	8	9	10	**11**	12	13

内部下地工事

3〜5 month
内部壁工事

1 石膏ボード張りは上階から

作業のしやすさから、石膏ボードは上階から張り始め、柱・間柱・横胴縁に釘・ねじで留める。クロス張りの場合、通常、ボードはシングル張り。一般的な室内壁材の留付けピッチは、ボード周辺部が200mm以下、中央は300mm以下、告示仕様の耐力壁の場合は周辺部・中央ともに150mm以下となる。また、省令準耐火仕様の場合は、周辺部・中央ともに1枚目が150mm以下、2枚目が200mm以下となる

耐力壁の場合の留付けは釘のみ。ねじは不可です。また、構造強度が下がるため、釘頭のボードへのめり込みにも注意しよう

2 石膏ボードを2重にする場合

塗装や左官仕上げの場合には、以下の手順となる。①石膏ボードを2重張りにする。②下地の石膏ボードに、無機質系または酢酸ビニル樹脂系接着剤を100〜300mm間隔で点付けしてステープルなどで2枚目を仮留めし、ビスで固定する。③2枚目の石膏ボードは下地のボードとジョイント位置をずらして張る。④扉や窓のコーナー部分にボードの角があると、開閉時の振動でクラックが入りやすいため、角は避けてボードを割付ける

内部壁のボード張りは、構造露し天井だと手間がかかるから、2〜3週間みておいてくれよ

B ≫ P.106
固定式本棚をすっきりと見せる

3 コンロ廻りは不燃材を使用

コンロ廻りは不燃石膏ボードやケイ酸カルシウム板などを下張りする。本事例ではIHを使用しているため、建築確認申請上は内装制限の適用を受けないが、熱による間接的な着火を考慮して厚さ10mmのケイ酸カルシウム板を使用

消防法や火災予防条例などにより、調理器と周囲との離隔距離などについても規制があるので要チェック

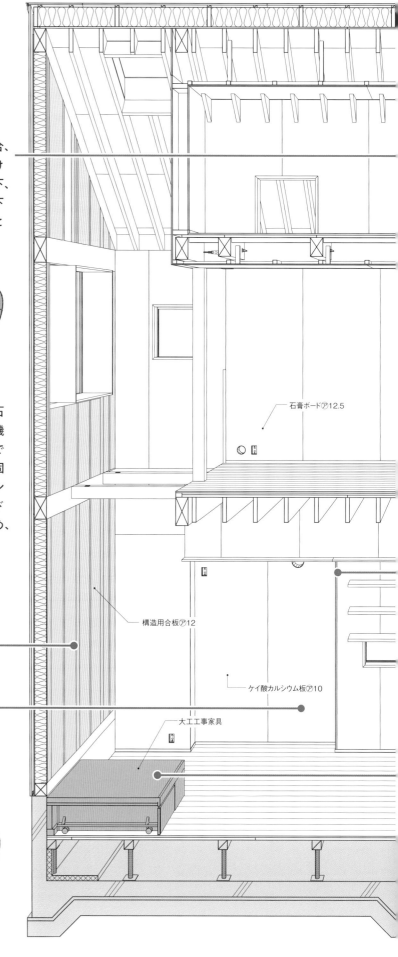

石膏ボード⑦12.5

構造用合板⑦12

ケイ酸カルシウム板⑦10

大工工事家具

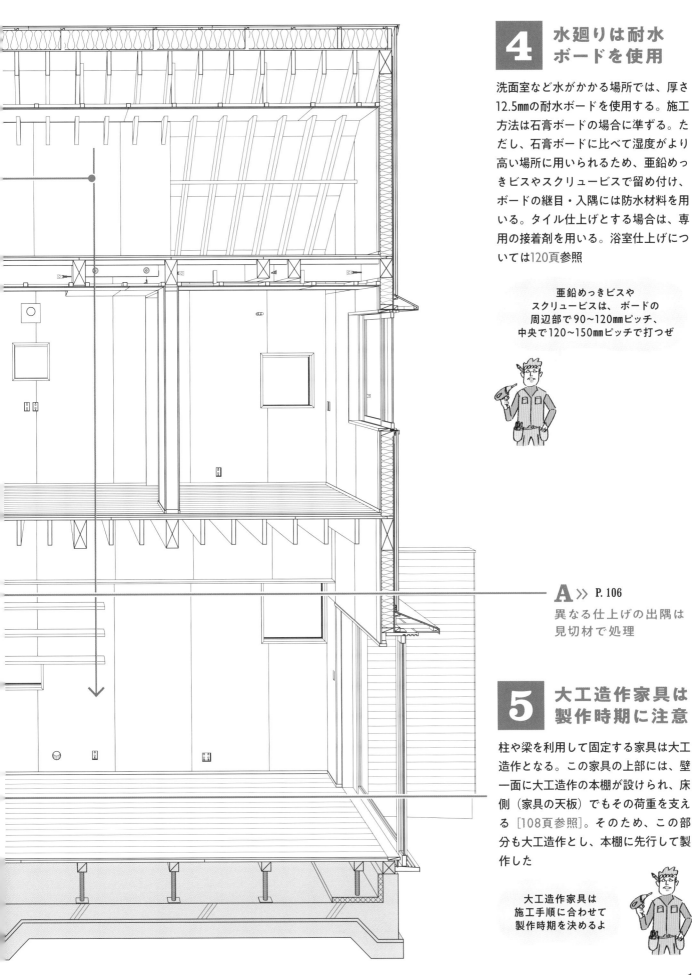

4　水廻りは耐水ボードを使用

洗面室など水がかかる場所では、厚さ12.5mmの耐水ボードを使用する。施工方法は石膏ボードの場合に準ずる。ただし、石膏ボードに比べて湿度がより高い場所に用いられるため、亜鉛めっきビスやスクリュービスで留め付け、ボードの継目・入隅には防水材料を用いる。タイル仕上げとする場合は、専用の接着剤を用いる。浴室仕上げについては120頁参照

亜鉛めっきビスや
スクリュービスは、ボードの
周辺部で90〜120mmピッチ、
中央で120〜150mmピッチで打つぜ

A >> P. 106
異なる仕上げの出隅は
見切材で処理

5　大工造作家具は製作時期に注意

柱や梁を利用して固定する家具は大工造作となる。この家具の上部には、壁一面に大工造作の本棚が設けられ、床側（家具の天板）でもその荷重を支える［108頁参照］。そのため、この部分も大工造作とし、本棚に先行して製作した

大工造作家具は
施工手順に合わせて
製作時期を決めるよ

内部壁工事 チェックリスト

A 異なる仕上げの出隅は見切材で処理

ステンレス板、タイル張り、クロス張りなどの仕上げ材を出隅で切り替える場合、見切材を用いれば施工性もよく、すっきりとして見える。本事例ではアルミ製のL形金物を12mmにカットして塗装し、用いている。脇（リビング側）のタイル仕上げと面をそろえるため、タイルの張り厚分だけチリ（3mm）を設けている

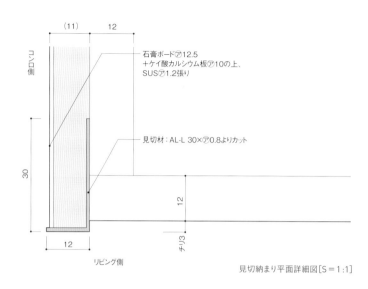

見切納まり平面詳細図［S＝1：1］

B 固定式本棚をすっきりと見せる

大工造作で壁一面に本棚をつくるため、柱・間柱間に補強用の厚さ12mmの構造用合板を設置。柱と455mmピッチの間柱部分に側板・間仕切板を建て、背面の構造用合板に棚板を固定した。大工造作家具の場合、家具の設置は家具造作よりも早くなる

石膏ボードは縦張りするか横張りするか

石膏ボードの縦・横の張り方は、施工のしやすさで判断する。横張りの場合は横胴縁が多く必要となるため、施工に手間がかかる。また、耐力壁とする場合は縦張りで、上下のボードの継目には45×105mm以上の横胴縁をあてがう

造作工事

造作工事には、大工がつくる大工造作と、家具職がつくる家具造作がある。大工と家具職のどちらがつくるかで、工程や仕上がりは大きく異なる。工期は塗装込みで約2週間。

大工と家具職でつくり方が変わる

通常、大工造作の家具は、柱・間柱や梁などの躯体を利用したものである。大工は現場のほか、作業場などで製作することもある。一方、家具造作では工場で製作したものを設置する。取合いのない置き家具は竣工間際に設置されることが多い。また、大工よりも家具職のほうが精度の高い家具を製作できるが、高価になりやすい。

大工造作で使用する材は、無垢板や集成材に加えて、ランバーコア材が主流だ110頁**BC**。各部材の固定は基本的にビス固定。そのため、ビス頭を隠すために木栓を施すなどの工夫が必要となる。棚造作から造りが単純なキッチンまで、幅広く製作できる。

家具造作の家具は、躯体との取合いが少ない置き家具に向いている。本事例のキッチン台などがそれにあたる。
家具を大工造作と家具造作に分ける場合は、現場の作業工程をイメージして作業手順を決めるとよい110頁**C**。　　　　　[関本]

現場に関わる人々

現場監督　　大工　　建具職　　家具職

4～5 month

造作工事

A ≫ P. 110
金属板は
板厚に注意

1 大工造作は大工工事と同時進行

大工が手がける家具は、大工工事の合間に製作される。そのため、家具を設えてからボードを張る、棚板を壁に呑み込ませるといった納まりの段取りが容易である

大工造作の家具ならカウンターなどと壁を隙間なくぴったりと納めることもできるぜ。扉だけ建具職が製作することもあるよ

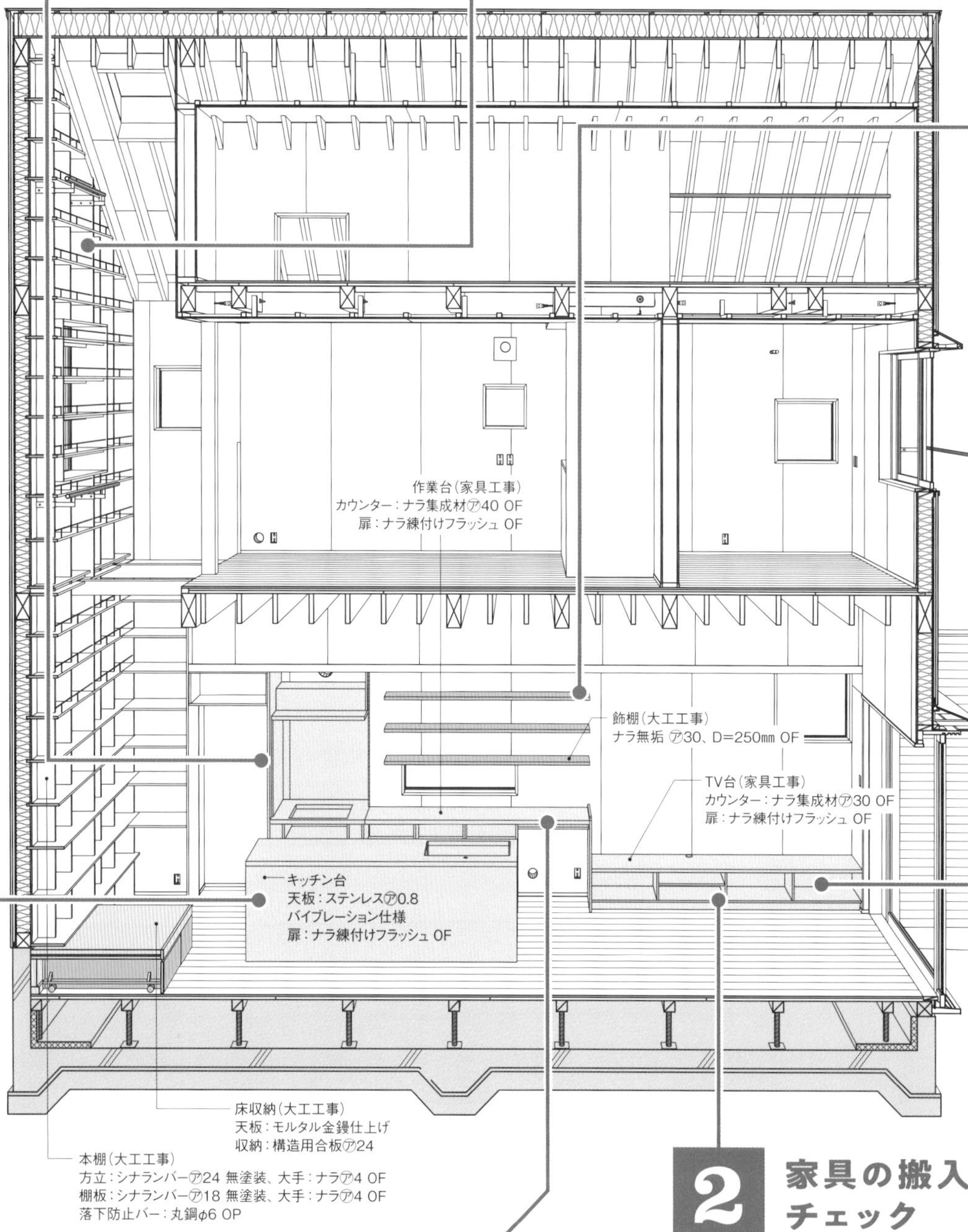

作業台（家具工事）
カウンター：ナラ集成材㋐40 OF
扉：ナラ練付けフラッシュ OF
飾棚（大工工事）
ナラ無垢 ㋐30、D=250㎜ OF
TV台（家具工事）
カウンター：ナラ集成材㋐30 OF
扉：ナラ練付けフラッシュ OF
キッチン台
天板：ステンレス㋐0.8
バイブレーション仕様
扉：ナラ練付けフラッシュ OF
床収納（大工工事）
天板：モルタル金鏝仕上げ
収納：構造用合板㋐24
本棚（大工工事）
方立：シナランバー㋐24 無塗装、大手：ナラ㋐4 OF
棚板：シナランバー㋐18 無塗装、大手：ナラ㋐4 OF
落下防止バー：丸鋼φ6 OP

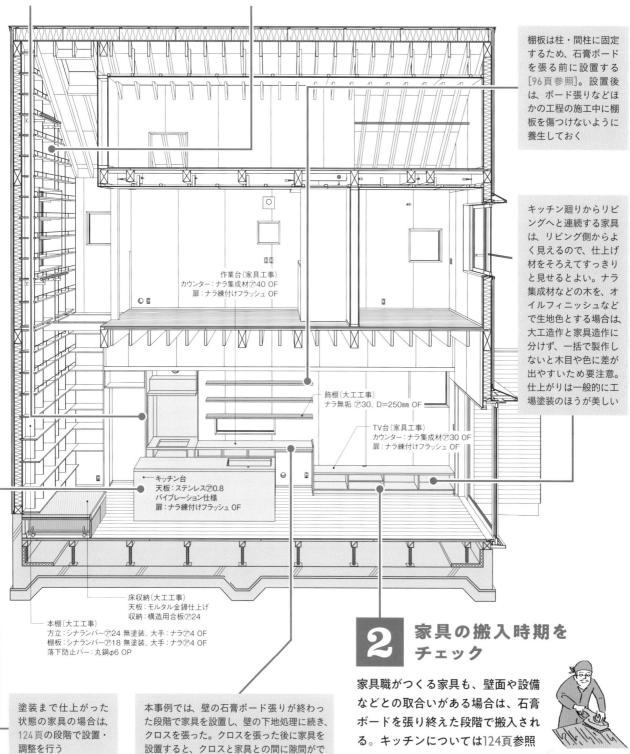

棚板は柱・間柱に固定するため、石膏ボードを張る前に設置する［96頁参照］。設置後は、ボード張りなどほかの工程の施工中に棚板を傷つけないように養生しておく

キッチン廻りからリビングへと連続する家具は、リビング側からよく見えるので、仕上げ材をそろえてすっきりと見せるとよい。ナラ集成材などの木を、オイルフィニッシュなどで生地色とする場合は、大工造作と家具造作に分けず、一括で製作しないと木目や色に差が出やすいため要注意。仕上がりは一般的に工場塗装のほうが美しい

塗装まで仕上がった状態の家具の場合は、124頁の段階で設置・調整を行う

本事例では、壁の石膏ボード張りが終わった段階で家具を設置し、壁の下地処理に続き、クロスを張った。クロスを張った後に家具を設置すると、クロスと家具との間に隙間ができてしまう。クロス張りの前に家具を設置すれば、隙間ができるのを防げる

2 家具の搬入時期をチェック

家具職がつくる家具も、壁面や設備などとの取合いがある場合は、石膏ボードを張り終えた段階で搬入される。キッチンについては124頁参照

壁面収納は家具を設置した後、クロスを張るよ

3 大工造作の本棚をつくる

柱・間柱を利用して各段ごとに側板・間仕切板を設置。その上に棚板を載せて固定している。奥の面はクロス張り仕上げとするため、石膏ボードを張っている。最後に落下防止用の丸鋼φ6を設置

躯体との絡みがあるから作業手順に注意しよう

クロスを針葉樹系の合板の上に張ると、合板からのアクでクロスにシミが浮き出ることがある。そのため、シーラー処理を施すか、石膏ボード下地にするとよい。本事例では石膏ボードで対応した

B » P. 110
載せるもので板厚が変わる

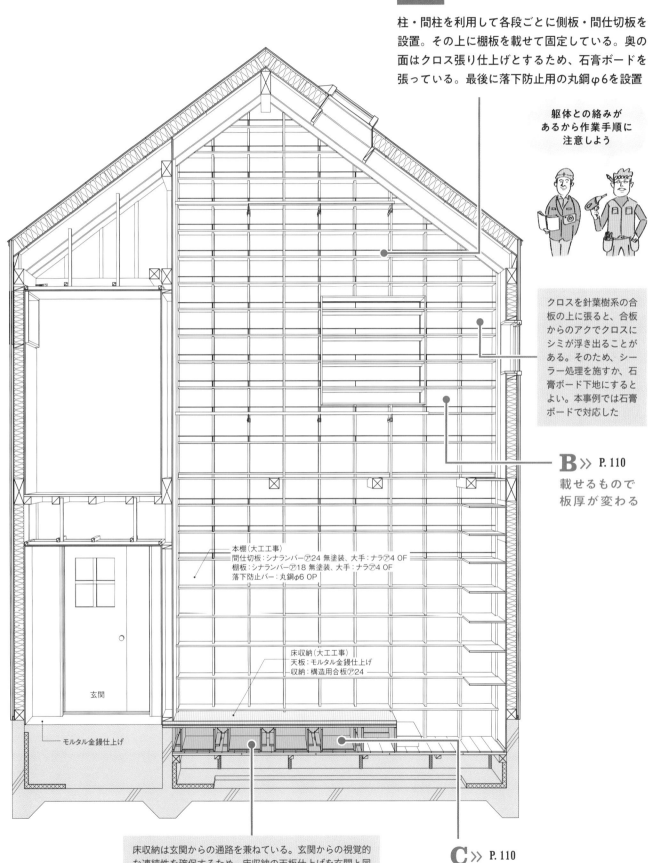

本棚(大工工事)
間仕切板：シナランバーア24 無塗装、大手：ナラア4 OF
棚板：シナランバーア18 無塗装、大手：ナラア4 OF
落下防止バー：丸鋼φ6 OP

床収納(大工工事)
天板：モルタル金鏝仕上げ
収納：構造用合板ア24

玄関

モルタル金鏝仕上げ

床収納は玄関からの通路を兼ねている。玄関からの視覚的な連続性を確保するため、床収納の天板仕上げを玄関と同じモルタル金鏝仕上げとした。そのため、モルタルの打設時期を玄関側とそろえる必要があった

C » P. 110
大工造作の施工時期は施工手順に左右される

造作工事 チェックリスト

A 金属板は 板厚に注意

IH廻りは油汚れ対策として、ステンレス板張りとした。ステンレスの板厚が薄いと、張る際に凹凸が出やすいため注意

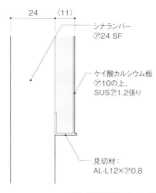

シナランバー
ア24 SF

ケイ酸カルシウム板
ア10の上、
SUSア1.2張り

見切材：
AL-L12×ア0.8

24　(11)

見切材納まり図[S＝1:2]

B 載せるもので 板厚が変わる

側板・間仕切板に厚さ24mmのシナランバー、棚板に厚さ18mmのシナランバーを使用。棚板を補強するため、L形に木の補強材を入れている

C 大工造作の施工時期は 施工手順に左右される

壁一面の本棚は、柱や間柱、構造用合板で補強した壁で支持するほか、下部の床収納に載せている。そのため、本棚の造作工事が始まる前に床収納を設置。また、引出しは単純な構造だったので大工造作で製作した

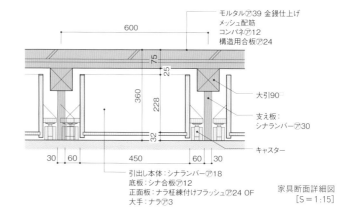

モルタルア39 金鏝仕上げ
メッシュ配筋
コンパネア12
構造用合板ア24

大引90

支え板：
シナランバーア30

キャスター

600
75
25
360
228
32
30　60　　450　　60　30

引出し本体：シナランバーア18
底板：シナ合板ア12
正面板：ナラ柾練付けフラッシュ ア24 OF
大手：ナラア3

家具断面詳細図
[S＝1:15]

大工造作と家具造作の 使い分け

大工造作と家具造作それぞれの長所を生かし、正面の本棚は大工造作の家具、右側のキッチン廻りは家具造作の家具とした

26

5〜6 month

天井仕上げ

壁と同様に、石膏ボード張りと下地処理の後、各種仕上げを行う。通常、石膏ボードは天井から先に張るが、天井と壁の入隅の見切形状によっては、壁から張るので注意したい。

見切材でシャープに見せる

空間をすっきりと見せるため、筆者は天井仕上げを壁と同様にすることが多い114頁**A**。一方、天井のみ羽目板を張れば、空間のアクセントとなる。

天井と壁が取り合う入隅部は、筆者が「十手」と呼んでいる見切材（CP-910／創建など）を使い114頁**BD**、目透かしをつくる。この目透かしには、天井と壁を見切ることで空間がシャープに見えるという視覚的効果があるほか、下地から吊られた天井の挙動を目透かし部分が吸収し、クラックや隙間などを生じにくくさせるという利点もある。

市販の見切材の目透かし幅は3〜12mm程度まであり、筆者は木枠のチリ（10mm）と合わせて10mmのものを使用している114頁**D**。

[関本]

現場に関わる人々

現場監督　　　大工　　　塗装職　　　内装職

5〜6 month
天井仕上げ

1 石膏ボードを張る

天井仕上げの工期は、クロス張りなら1日ぐらいだね

クロス張りの場合、通常、石膏ボードはシングル張り。部屋の端部から、ビス・ねじで野縁に留める。一般部の留付けピッチは、周辺部が150mm以下、中央は200mm以下、省令準耐火仕様の場合は、周辺部・中央ともに1枚目が300mm以下、2枚目が周辺部は150mm以下、中央は200mm以下となる。重ね張りの場合は、ボードの目地が同位置にならないようにする。施工方法は壁と同様 [100頁参照]

B ≫ P. 114
左官仕上げの場合

C ≫ P. 114
構造露し天井の場合は
配管・配線ルートも要検討

クロス用天井見切材 目透かし幅10mm

2 上階端部から下地処理を行う

作業のしやすさから、上階の天井から作業を開始する。ボードには見切材を設置する。下地処理は天井→壁の手順となる。ジョイントテープやパテ処理の施工方法は、壁と同様 [116頁参照]。下地処理は、各仕上げの職人が担当する

下地処理で
仕上げの美しさが
決まる

照明配線

3 上階からクロスを張る

下地処理と同様に、天井→壁の手順でクロスを張る。壁際から張り始め、施工方法は壁と同様である [116頁参照]。見切材の部分にクロスを巻き込む

クロスを巻き込む際、
クロスが定着するように、
見切材にはクロス用
プライマーが必要だよ

D ≫ P. 114
見切りと木枠の
チリを合わせる

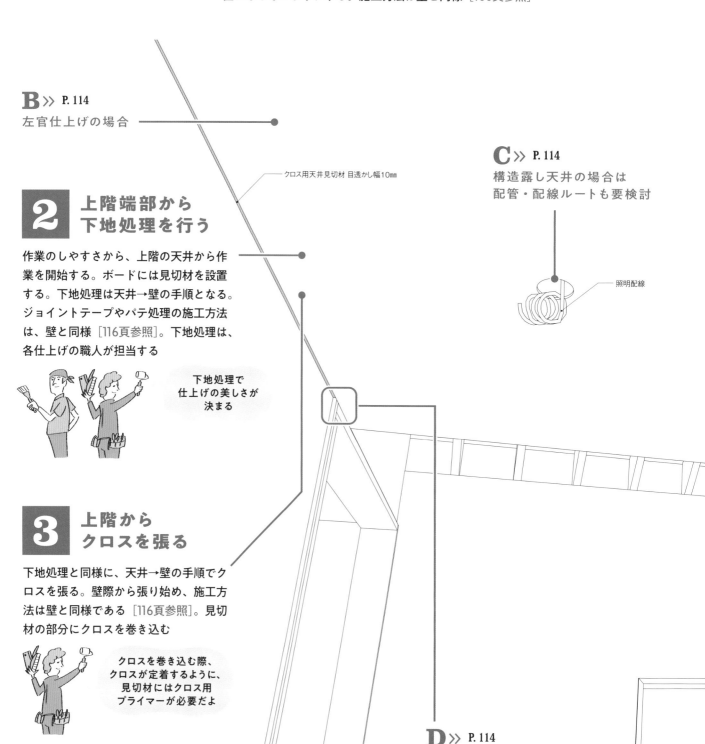

パテ処理→タイル・塗装・クロス張り

本事例では、吹抜けに面する化粧梁や構造用合板の天井を無塗装としている。天井を塗装やクロス張りとする場合、その作業が終了するまで内部足場を解体できないため、吹抜け下の家具設置が難しくなるなど、ほかの作業との兼ね合いについても検討が必要となる

B >> P. 114
下がり天井端部の
納まり

クロス張り

クロス用天井見切材
目透かし幅10mm

天井仕上げ チェックリスト

A 左官仕上げの場合

石膏ボードの継目などをパテ処理した後、吸込みムラ防止のシーラーを塗布。ローラーやスプレーガン、左官鏝の重ね塗りで仕上げる（写真は他事例、チャフウォールの場合）

B 下がり天井端部の納まり

壁と天井の突合わせは、目透かしにすればその部分に陰影が付いてシャープな印象となる。目透かしは塩ビ製の見切材を用いるとよい D。だがこの目透かしの凹部は、吹抜け側からは欠損に見えるため隠したい。そのため、本事例では目透かしの端部を長さ15mm程度の木片を用いてふさいでいる

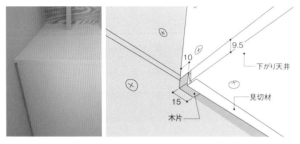

9.5
10
下がり天井
15
見切材
木片

W10×L15×D10mmの木片をクロスと同色に塗装する

C 構造露し天井の場合は配管・配線ルートも要検討

構造露し天井の場合、配管や配線は下からの見上げで見えてしまう。配線については102頁のように対応することが可能。本事例では一部、配管が露出しているが、化粧梁や化粧根太に隠れるように、梁・根太間の天井を下げて配管している。排水管の場合、防音のため配管廻りをグラスウールで充填する

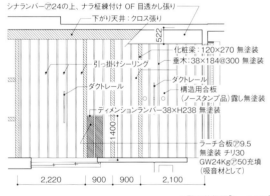

シナランバーア24の上、ナラ柾練付け OF 目透かし張り
下がり天井：クロス張り
522
化粧梁：120×270 無塗装
垂木：38×184@300 無塗装
引っ掛けシーリング
ダクトレール
ダクトレール
構造用合板
（ノースタンプ品）露し無塗装
ディメンションランバー38×H238 無塗装
1400
ラーチ合板ア9.5
無塗装 チリ30
GW24Kgア50充填
（吸音材として）

2,220　900　900　2,100

1階天井伏図[S＝1:120]

D 見切りと木枠のチリを合わせる

天井の見切材の目透かし幅を木枠のチリ（壁面からの出）に合わせれば、ラインがそろい、すっきりと見える。本事例では10mmを採用

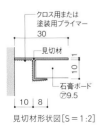

クロス用または
塗装用プライマー
30
見切材
10
石膏ボード
ア9.5
10　8

見切材形状図[S＝1:2]

📷 クロス張りの天井と素地仕上げの梁

主寝室から吹抜けの本棚を見る。正面の可動式手摺壁は下ろすと床になる。天井と壁の白い部分はクロス張り、梁は素地仕上げとしている

[写真：新澤一平]

内部壁仕上げ

下地の石膏ボードが張られると、①ジョイントテープ張り、②パテ処理、などの下地処理の工程に入る。これらはその後の各仕上げの職人が行う。

クロスと塗装の長所と短所

クロスのテクスチュアには、さまざまなものがある。塗装仕上げとほとんど見分けがつかないものもあり、張り手間はかかるが、一般的に塗装よりも安価に仕上がる。また、汚れを落としやすい機能や、防かび・調湿・消臭といった機能が付加された機能性クロスも魅力的だ。一方、クロスの短所として、継目の隙間が出やすい点がある。

塗装の長所は、自由に調色でき、継目なく一面を塗れること。反面、下地によってはクラックが入りやすく、汚れを落としにくい欠点もある118頁**A**。ただし、注意していてもクラックが入ってしまうこともある。事前に建て主への説明が必要だ。

シナ合板などの合板仕上げは、無塗装の場合においてのみクロス張りより安価となる。ただし、オイル塗装などを施すとクロス張りよりも高く手間もかかる仕上げなので、風合いが好きで張るのか、予算を節約したいのか、どのような主旨で使うのかを整理して選びたい。
［関本］

現場に関わる人々

現場監督　　左官職　　内装職　　タイル職　　塗装職

6th month

内部壁仕上げ

1 下地処理を行う

石膏ボードの端部にVカットなどテーパーがある場合は、①継目に下地パテを埋め込む。②石膏ボードの継目にジョイント（ファイバー）テープを張る（ジョイントテープを張ることで、継目部分のパテがひび割れしにくくなる）。③コーナー部分には補強材を使用。作業は天井→壁の手順で上階から進める。下地処理は、各仕上げの職人が行う

工期は2週間ぐらい
とってよね

クロス・塗装いずれの
場合でも必要な工程だよ

A ≫ P. 118
コーナー部分の
仕上げ方

2 パテ処理を行う

下塗りのパテ処理を行う。①パテで石膏ボードの継目を平滑にして、ビスの穴を埋める。②パテを盛りすぎた（凸）部分はサンドペーパーで削る。③上塗りのパテ処理を行う。下塗りパテは乾燥すると少しやせてへこむので、面の不陸を整え、薄く広くパテを塗る。④パテを盛りすぎた（凸）部分はサンドペーパーで削る。各工程とも天井→壁の作業手順で進める

薄いクロスや塗装仕上げの場合は、
より平滑な面に仕上げるため、
パテ処理の回数が3回必要だよ

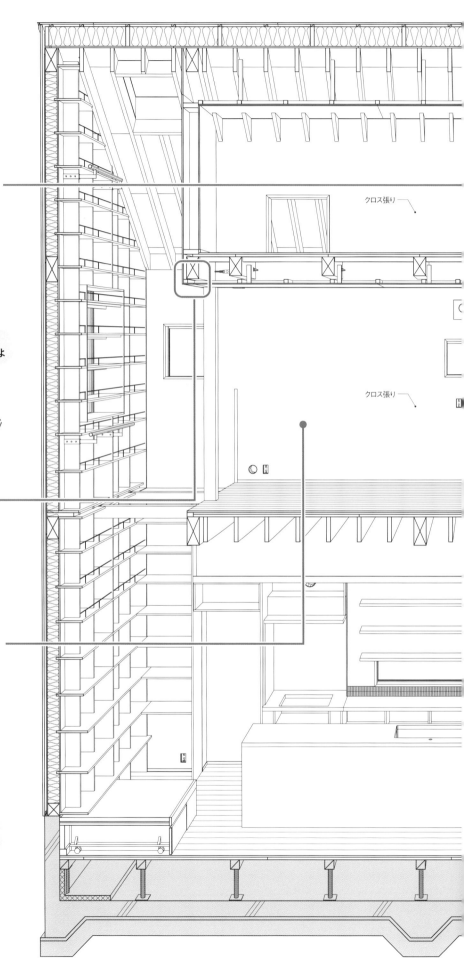

クロス張り

クロス張り

パテ処理→塗装・タイル・クロス

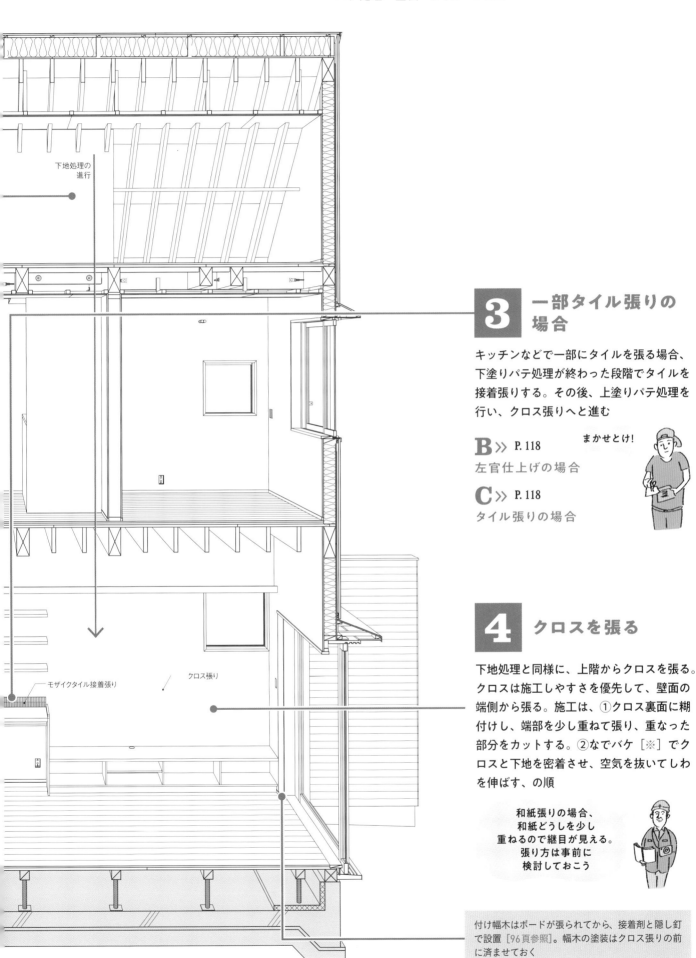

下地処理の
進行

3 一部タイル張りの場合

キッチンなどで一部にタイルを張る場合、下塗りパテ処理が終わった段階でタイルを接着張りする。その後、上塗りパテ処理を行い、クロス張りへと進む

まかせとけ!

B ≫ P.118
左官仕上げの場合

C ≫ P.118
タイル張りの場合

モザイクタイル接着張り

クロス張り

4 クロスを張る

下地処理と同様に、上階からクロスを張る。クロスは施工しやすさを優先して、壁面の端側から張る。施工は、①クロス裏面に糊付けし、端部を少し重ねて張り、重なった部分をカットする。②なでバケ［※］でクロスと下地を密着させ、空気を抜いてしわを伸ばす、の順

和紙張りの場合、
和紙どうしを少し
重ねるので継目が見える。
張り方は事前に
検討しておこう

付け幅木はボードが張られてから、接着剤と隠し釘で設置［96頁参照］。幅木の塗装はクロス張りの前に済ませておく

※ 紙や布などを張り付ける際、
仕上げに用いる道具

内部壁仕上げ チェックリスト

A コーナー部分の仕上げ方

下がり天井端部や壁面端部の出隅の仕上げ方は、以下の手順。①下地コーナーと呼ばれる樹脂製のコーナー補強材を入れる、②下塗りのパテ処理を行う、③上塗りのパテ処理をする、④サンドペーパーで平滑にする。入隅部分の手順は、①ジョイントテープを張る、②下塗りのパテ処理を行う、③上塗りのパテ処理を施す、④サンドペーパーをかける

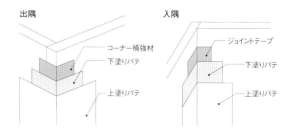

C タイル張りの場合

浴室の張り方は、120頁を参照。洗面室の場合は、①耐水ボードの継目にジョイントテープを張り、②下塗りのパテ処理後、③張付け用接着剤を櫛目鏝で塗布し、④タイルをもみ込むように叩き押さえをして張り付ける（全面接着剤張り）。タイルは視線が向きやすいコーナー側から張り始め、開口部側に切欠きが出るようにする（写真は他事例）

B 左官仕上げの場合

施工手順は以下。①隣接する家具などを養生する、②石膏ボードの継目に左官専用テープを張る、③下塗り（約2mm厚）、④上塗り（約5mm厚）を行う、⑤専用の鏝などで模様をつける（写真は他事例、シラス壁の場合）

内装仕上げの手順

クロス張りを終えた室内。内装仕上げは通常、①塗装、②タイル張り、③クロス張り、という作業工程である

浴室仕上げ

ハーフユニットバスを据え、その上に腰上の壁下地を組み、羽目板で仕上げる。フルユニットと比べてデザイン性は高いが、防水に配慮した設計が必要だ。工期は2〜3日。

防水処理と使い勝手が大切

次項に示すイラストは筆者の定番仕上げ。壁に羽目板（ベイヒバ）を張り、ハーフユニットバスと壁の取合い部にモザイクタイルを張っている。ハーフユニットバスと羽目板の距離をとることで、羽目板が小口から水分を吸い上げて腐食するのを防いでいる。全面タイル張りよりも低コストで済み、見た目もよい。

不具合が起きやすい在来工法の壁との取合い部は、通気確保のためにアルミアングルで見切り、タイルの上部は水切れを考慮して5mmの目透かしで納める122頁**A**。同様に天井と壁の取合い部も6mmの目透かしとして通気を確保し、羽目板の腐食を防ぐ122頁**B**。

石鹸やシャンプーを置くライニングがないハーフユニットバス［※］は、アクセサリー棚や鏡がバランスよく配置されるよう展開図で検討する。近年は、建て主に浴室用物干し竿の設置を求められることも多いが、既製品をそのまま用いた無粋な納まりは避けたい。羽目板を張る前にブラケットを取り付け、半埋め込みの納まりとすることを図面に示しておくとよい122頁**C**。　　　　　　［関本］

現場に関わる人々

現場監督

タイル職

建具職

防水業者

大工

ユニットバスメーカー

※ メーカーによっては、オプションでライニングを取り付けられるものもある

5〜6 month

浴室仕上げ

B >> P. 122
天井は目透かしで納める

1 ハーフユニットバスを納める

内部の壁を傷つけないよう、建方後、内部の壁を張る前にハーフユニットバスを搬入する

納品までは約1カ月。
進行状況に合わせて
発注を!

2 羽目板を張る

耐水合板に防水シートを張った後、胴縁下地をつけ、仕上げの羽目板（ベイヒバ）を張る

図面割り付け
通りに張るよ!

A >> P. 122
タイルはアルミアングルで見切る

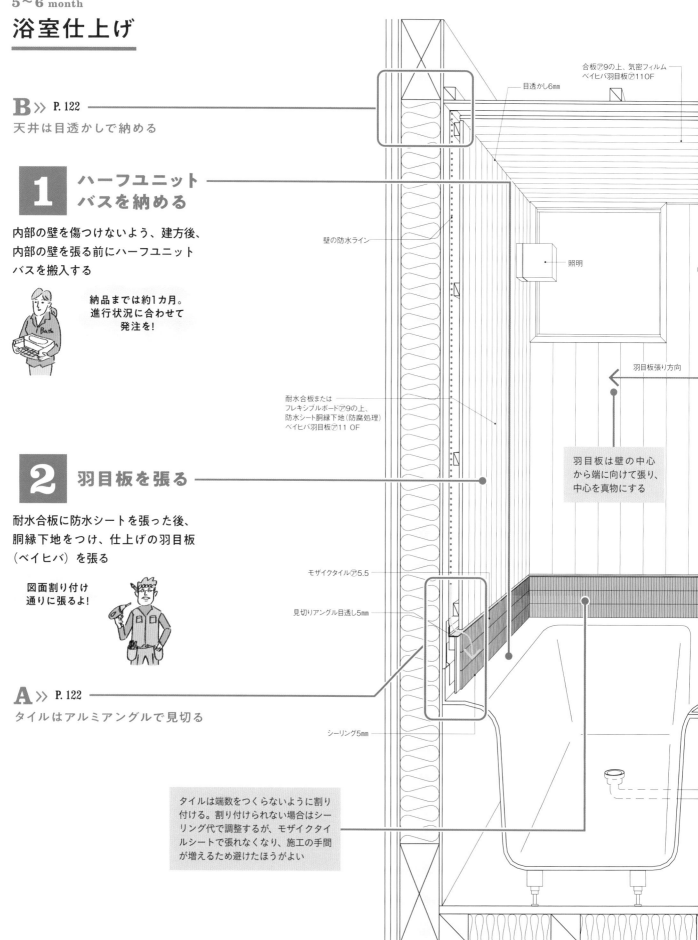

合板ア9の上、気密フィルム
ベイヒバ羽目板ア110F

目透かし6mm

壁の防水ライン

照明

羽目板張り方向

耐水合板または
フレキシブルボードア9の上、
防水シート胴縁下地（防腐処理）
ベイヒバ羽目板ア11 0F

羽目板は壁の中心
から端に向けて張り、
中心を真物にする

モザイクタイルア5.5

見切りアングル目透し5mm

シーリング5mm

タイルは端数をつくらないように割り
付ける。割り付けられない場合はシー
リング代で調整するが、モザイクタイ
ルシートで張れなくなり、施工の手間
が増えるため避けたほうがよい

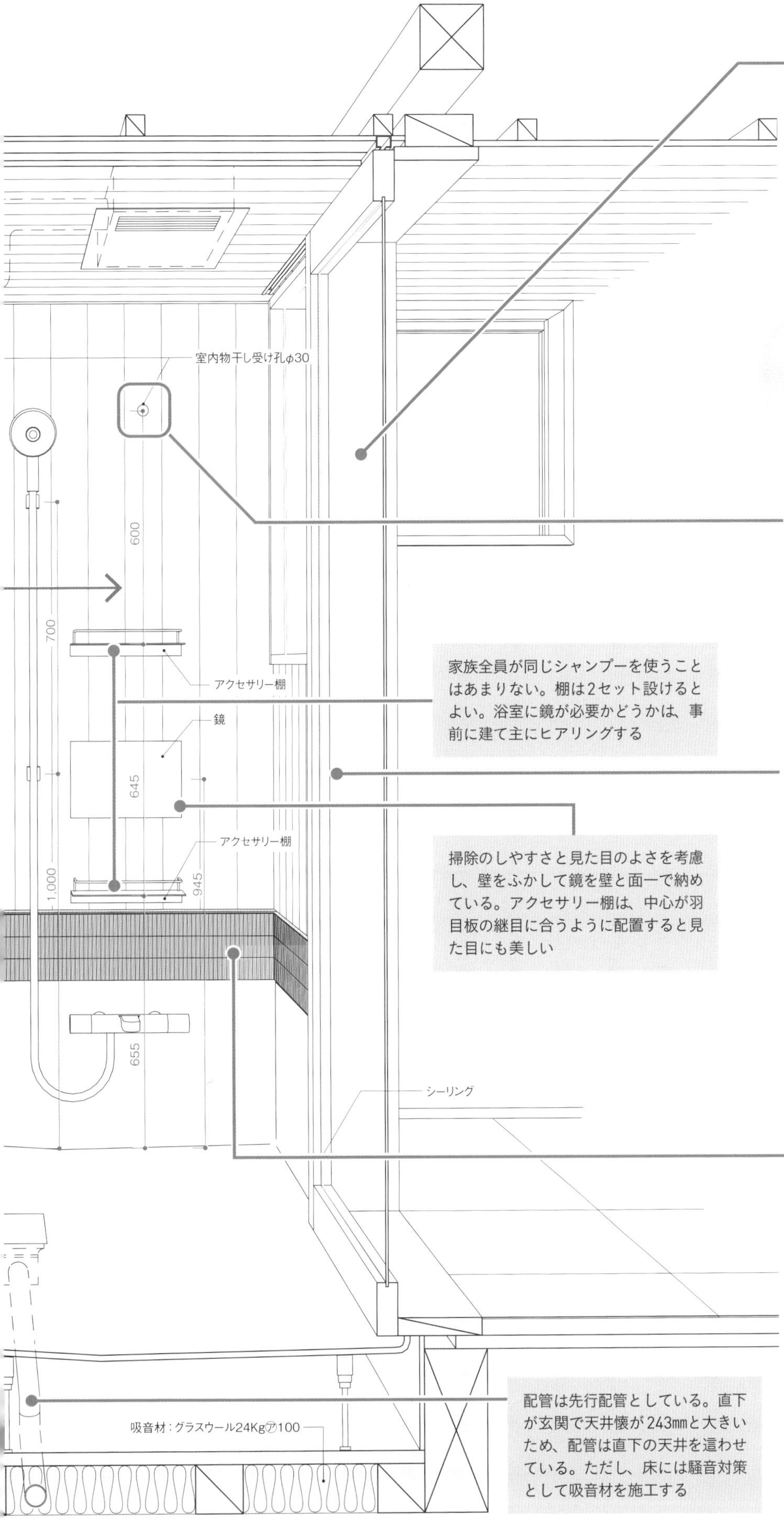
室内物干し受け孔φ30
600
700
アクセサリー棚
鏡
645
アクセサリー棚
1,000
945
655
シーリング
吸音材：グラスウール24Kg㋐100

家族全員が同じシャンプーを使うことはあまりない。棚は2セット設けるとよい。浴室に鏡が必要かどうかは、事前に建て主にヒアリングする

掃除のしやすさと見た目のよさを考慮し、壁をふかして鏡を壁と面一で納めている。アクセサリー棚は、中心が羽目板の継目に合うように配置すると見た目にも美しい

配管は先行配管としている。直下が玄関で天井懐が243㎜と大きいため、配管は直下の天井を這わせている。ただし、床には騒音対策として吸音材を施工する

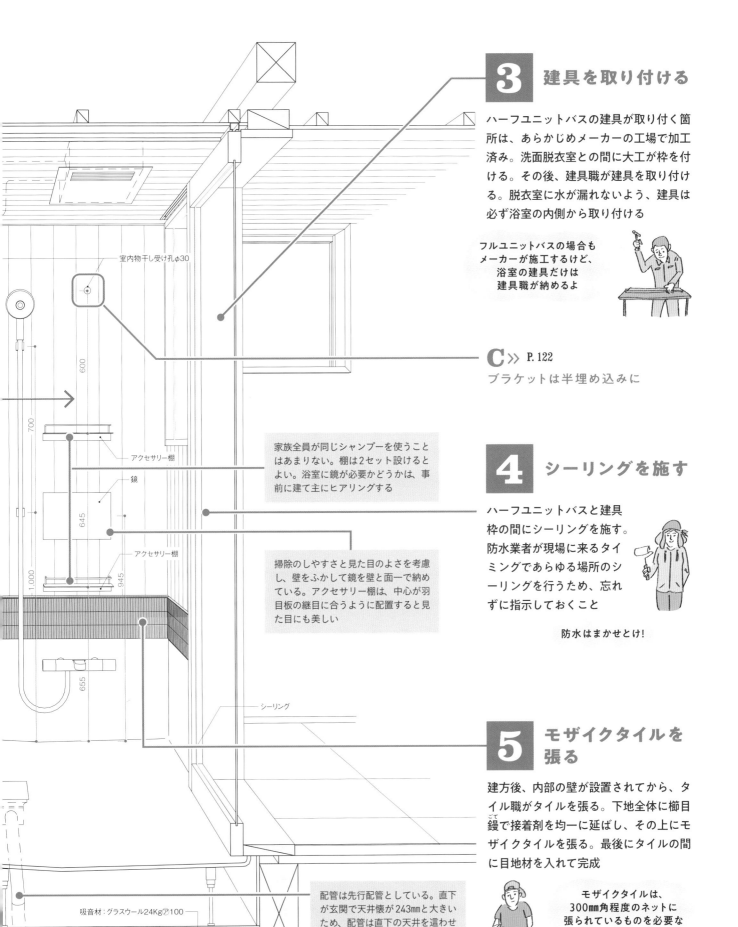

3 建具を取り付ける

ハーフユニットバスの建具が取り付く箇所は、あらかじめメーカーの工場で加工済み。洗面脱衣室との間に大工が枠を付ける。その後、建具職が建具を取り付ける。脱衣室に水が漏れないよう、建具は必ず浴室の内側から取り付ける

フルユニットバスの場合も
メーカーが施工するけど、
浴室の建具だけは
建具職が納めるよ

C》 P. 122
ブラケットは半埋め込みに

4 シーリングを施す

ハーフユニットバスと建具枠の間にシーリングを施す。防水業者が現場に来るタイミングであらゆる場所のシーリングを行うため、忘れずに指示しておくこと

防水はまかせとけ!

5 モザイクタイルを張る

建方後、内部の壁が設置されてから、タイル職がタイルを張る。下地全体に櫛目鏝（ごて）で接着剤を均一に延ばし、その上にモザイクタイルを張る。最後にタイルの間に目地材を入れて完成

モザイクタイルは、
300㎜角程度のネットに
張られているものを必要な
幅に切って施工するよ

浴室仕上げ チェックリスト

A タイルはアルミ アングルで見切る

タイル上部と羽目板はアルミアングルで見切り、5mmの目透かしで納める。防水シートは必ずハーフユニットバスの内側にくるように施工する

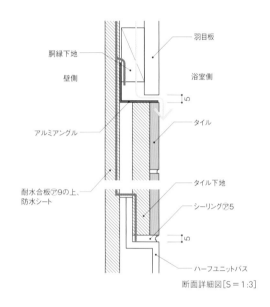

胴縁下地
壁側
アルミアングル
耐水合板ア9の上、防水シート

羽目板
浴室側
5
タイル
タイル下地
シーリングア5
5
ハーフユニットバス

断面詳細図[S＝1:3]

C ブラケットは 半埋め込みに

伸縮式の浴室用物干し竿受けの先端が壁に潜り込むよう、ブラケットを22mm程度壁に埋め込む

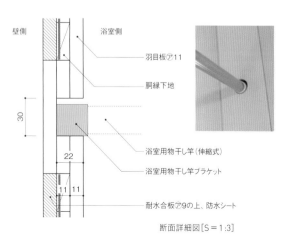

壁側
浴室側
羽目板ア11
胴縁下地
30
22
浴室用物干し竿(伸縮式)
浴室用物干し竿ブラケット
11 11
耐水合板ア9の上、防水シート

断面詳細図[S＝1:3]

B 天井は目透かしで 納める

天井と壁の取合い部は6mmの目透かしで納める。羽目板は、天井と壁で目地が通るように計画しておく

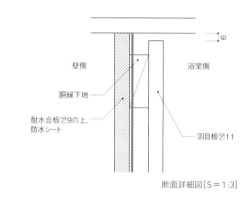

壁側
胴縁下地
耐水合板ア9の上、防水シート

6
浴室側
羽目板ア11

断面詳細図[S＝1:3]

浴室を広く見せる

洗面脱衣室から浴室を見る。間仕切壁の上部をガラスとし、2つの部屋を視覚的につなぐことで広く感じさせる

内部建具・家具

大工による枠付け後、建具を取り付ける。そして、建具取り付けと同時に家具の調整を行う。ここでは、建具の図面読み合わせのポイントとキッチン（家具）を中心に解説する。

内部建具は読み合わせがキモ キッチンは配管とセット

建具は工場で製作されるので、製作工程が見えない。途中修正が利かないので、事前打ち合わせが極めて重要だ。筆者は、建具職が現場に採寸に来た際に図面の読み合わせを行っている。チリ［※1］や大手材［※2］の厚みなどは図面に記されているが、イメージを共有しておくと完成度が高まる。

家具工場には多くの加工機が揃っており、仕上がりの精度が高い。ビスを見せない加工もできるため、繊細な家具づくりに向く。無垢板や集成材に加え、フラッシュ（中空構造のパネル）での製作も可能だ。家具の搬入は108頁で行うが、キッチンについては、配置後に配管類の立上りに合わせた調整が必要だ。食洗機の配管は、国内製ならば本体の直下、外国製ならば本体の脇から配管が立ち上がるので、メーカーを確認しておく126頁**A**。

［関本］

現場に関わる人々

現場監督

建具職

家具職

※1 枠などの造作材の表面と壁面との差の寸法　※2 建具の縦框の柱や枠にぶつかる面

4～6 month

内部建具・家具

建具一式の製作期間は約2週間!

1 木枠の内法を測る

大工が取り付けた木枠の内法をすべて測る。図面と実測では±2mm程度の誤差があるので、建具は必ず実測寸法に合わせて製作する。大工が戸袋の寸法を間違えていることもあるので、注意深く確認する

3 建具を吊り込む

建具は、現場で調整することを念頭に置いて、採寸寸法よりやや大きめにつくっておくよ

枠に合わせて、建具を切ったり、削ったりしながら調整し、木枠に建具を吊り込む

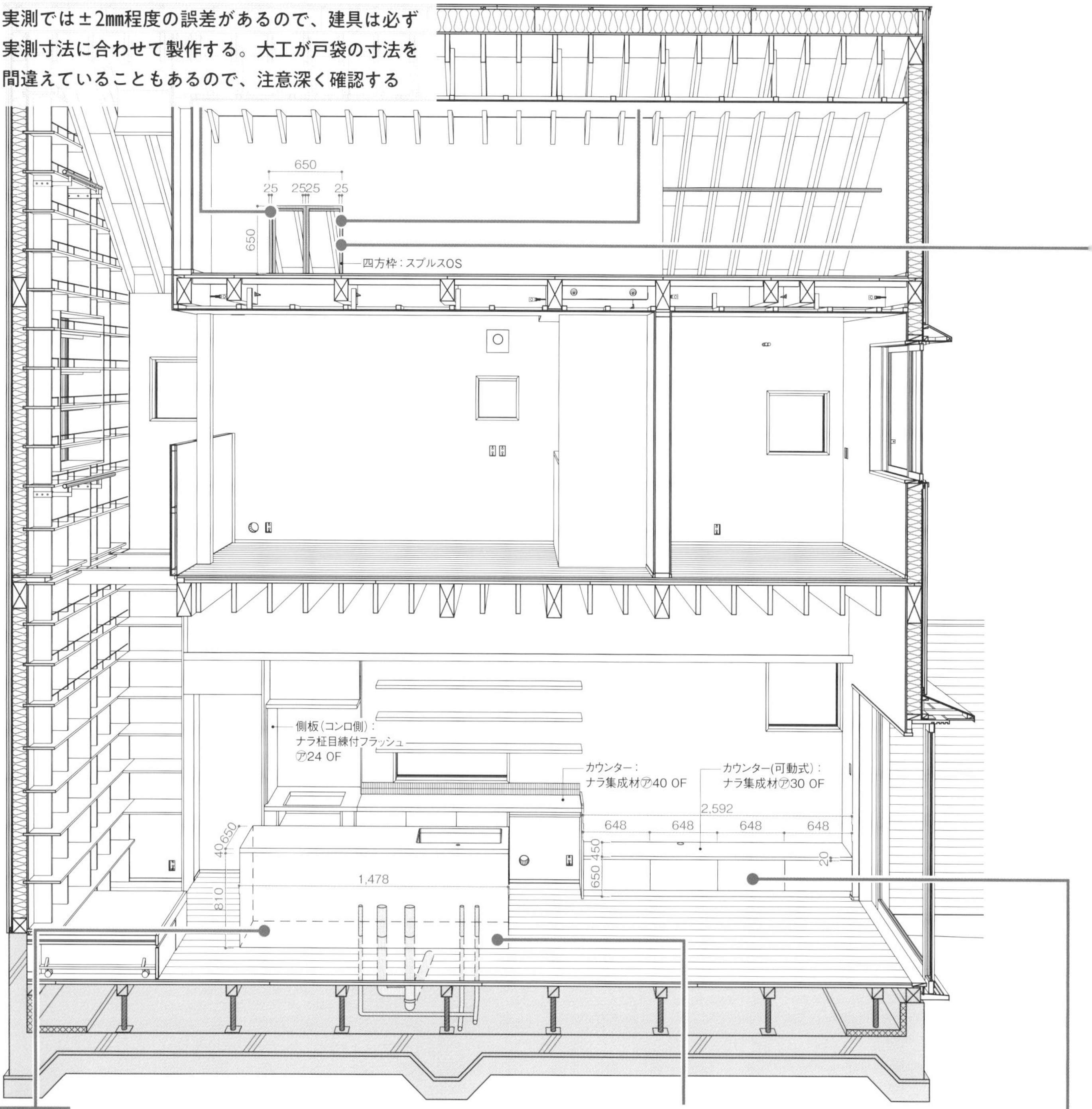
650
25 2525 25
650
四方枠：スプルスOS
側板(コンロ側)：
ナラ柾目練付フラッシュ
㋐24 OF
カウンター：
ナラ集成材㋐40 OF
カウンター(可動式)：
ナラ集成材㋐30 OF
2,592
648 648 648 648
450
650
20
40
650
810
1,478

4 家具の設置場所を実測する

家具を置く場所の寸法を実測する。特にキッチンなど配管がかかわるものは、配管の立上りに合わせて配置されるよう段取っておく

配線の位置も同時にチェック

A >> P. 126
キッチンは使い勝手を考えてつくる

2　図面の読み合わせをする

設計者と建具職で図面の読み合わせを行い、思わぬ見落としを防ぐ

建具製作と機材や工程が重なるため、家具と建具両方を製作する工場も多いよ!

浴室と洗面室の間の引戸などでは、内外で異なる位置に引手を設定していることもある。位置が異なる場合は、読み合わせの際に注意を促す

大手材の仕様、厚みを確認する。ルーターの形状についても読み合わせを行う

サムターン錠を取り付ける場合は、どちら側をサムターンとするかを確認しておく

ここでは将来の戸外し対応のため、吊りレール戸先側150mm程度を着脱可能にしている。通常とは異なる細工を施す場合は特に見落としがないように確認すること

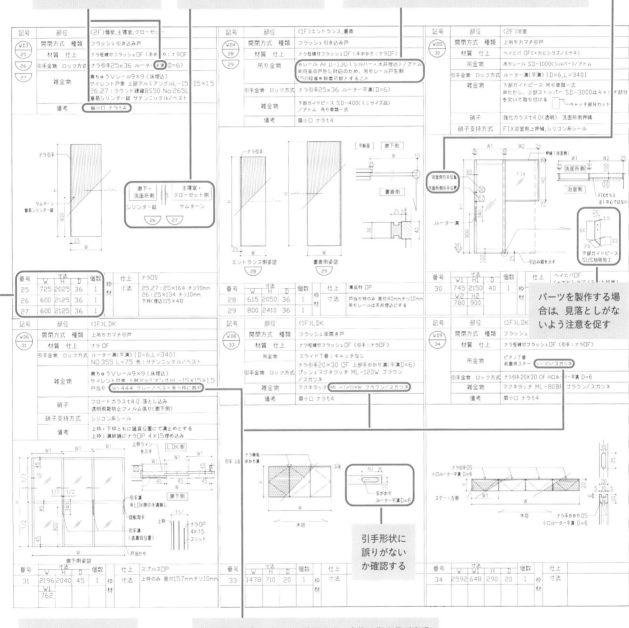

パーツを製作する場合は、見落としがないよう注意を促す

引手形状に誤りがないか確認する

建具の指定数量に誤りがないか確認する

指定品に間違いがないか確認する。金物の指定品が廃番になっている場合もある。入手できない製品がある場合は、代替品への変更についても打ち合わせする

5　家具を設置する

家具を配置し、引出しなどを取り付ける。電気配線やエアコンのドレン管などを家具内に納める場合、現場で孔をあけて家具内に引き込む

家具は工場であらかじめ金物を取り付け、分解して搬入。現場で再度、組み立てるよ

125

内部建具・家具 チェックリスト

A キッチンは使い勝手を考えてつくる

収納物や使用する調理家電を考慮し、キッチンの内部を計画する

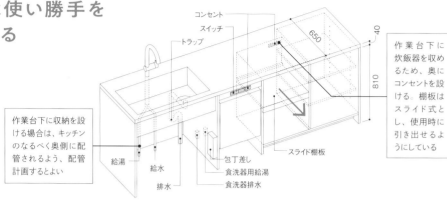

コンセント
スイッチ
トラップ
650
40
810

作業台下に収納を設ける場合は、キッチンのなるべく奥側に配管されるよう、配管計画するとよい

作業台下に炊飯器を収めるため、奥にコンセントを設ける。棚板はスライド式とし、使用時に引き出せるようにしている

給湯
給水
排水
包丁差し
食洗器用給湯
食洗器排水
スライド棚板

建具・家具は空間のアクセント・見せ場になる

左：2階からロフト窓を見る。ロフトは子どもの遊び場としても活用する。室内窓を介して子どもが遊んでいる様子が見える｜右：ダイニングからキッチンを見る。家具製作なら、細部まで繊細につくり込める　　　　　　[写真右：新澤一平]

COLUMN 7

家具・建具は特定の業者を使う

家具・建具は、住宅のクオリティを決める最も大切な部分である。日常的に手が触れ、また目線も近くなることから細心の注意で仕上げたい。ここ数年は、筆者は家具・建具については請負の工務店が変わっても同一の業者を指定して依頼するようにしている。

指定業者に依頼するメリットには、①どの現場も安定したクオリティになる②ディテールや技術の蓄積ができる③信頼関係が結べることなどが挙げられる。

先に述べたように、家具や建具は毎日の使用に耐えられる強度と、仕上がりの美しさが求められる部位だ。どの現場でも大工の腕はそこそこ高いものだ。そこで家具・建具に安定したクオリティを求めることが出来れば鬼に金棒、どんな住宅でも仕上がりに不安はなくなる。毎回同様の作りをお願いするうちに、精度もど

んどん高くなってゆくし、万一の失敗があってもリカバリーしてもらえることも大きい。なにより、毎回同じ職人と顔を合わせてもの作りができるというのは、やはり嬉しいものだ。

器具
取り付け

内装工事が完了したら、約2日間で設備機器を取り付ける。スイッチ類・エアコンなどは、工程の最後にしか現れない。ちぐはぐな印象にならないよう設計段階から気を配っておく。

設備機器は違和感の塊

　各種スイッチ・コンセント、エアコンやインターホン。壁面には厚みのある機器がいくつも取り付く。設備機器は、空間の調和を乱す異分子だ。違和感を少しでもやわらげ、かつ、使い勝手よく配置するには、設計段階ですべての設備機器を展開図などにプロットしておくことが必要である。

　リビングの壁面などに露出する機器はなるべく1カ所にまとめ、その部分にニッチを設けて機器の「居場所」をつくっておけば、見た目のちぐはぐさを軽減することができる130頁**A**。

　エアコンの配置にも、配慮と慎重さが求められる130頁**B**。目立たない位置や高さを検討しよう。

　また、小さな設備だが、ふた付きのパイプ扇も厚みがある。奥行き50mmほどの小さな専用のニッチを設ければ、すっきりと納まる130頁**C**。　　　　　　　　　[関本]

現場に関わる人々

現場監督

空調設備業者

電気設備業者

ガス会社

4〜6 month

器具取り付け

室内の空気は給気グリルから入り、換気扇から排出される。室内の空気を循環させるには、給気位置より排気位置を高く、なるべく離すとよい。個室であれば、部屋の対角に配置するのが基本

自浄機能搭載や
加湿機能付きタイプは、
ダクトが太くなるので
注意!

1 エアコンを取り付ける

スリーブ位置がずれると、エアコンの取り付け位置もずれる。エアコンの標準スリーブ位置を図面に記載しておく

B ≫ P. 130
エアコンの配管経路を
構造部材と
干渉させない

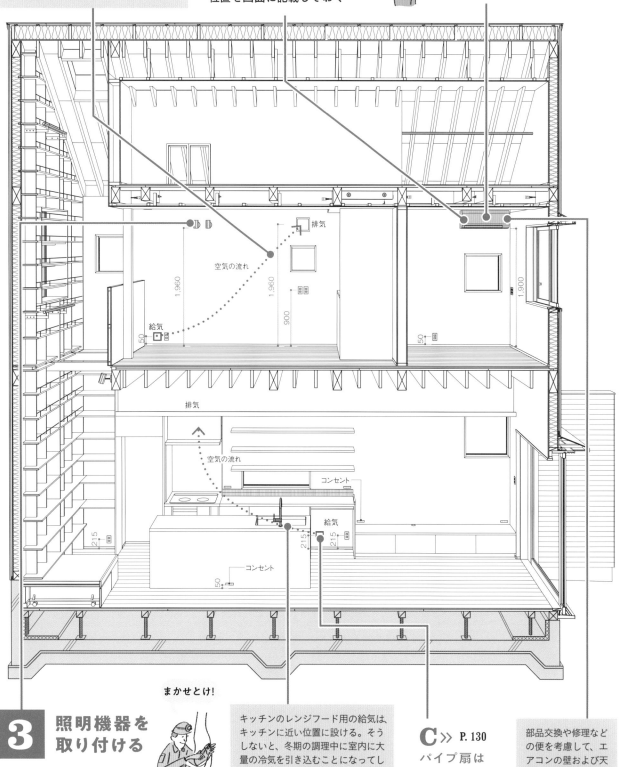

排気

空気の流れ

1,960

1,960

900

1,900

給気

50

50

排気

空気の流れ

コンセント

給気

215

215

215

コンセント

50

まかせとけ!

3 照明機器を取り付ける

図面に指示された位置に、照明機器を取り付ける

キッチンのレンジフード用の給気は、キッチンに近い位置に設ける。そうしないと、冬期の調理中に室内に大量の冷気を引き込むことになってしまうからだ。なるべく短いルートで給排気を完結させるのが望ましい

C ≫ P. 130
パイプ扇は
ニッチに
納める

部品交換や修理などの便を考慮して、エアコンの壁および天井からの離れ寸法は50mm以上とする

内部配管・配線
（レンジフードなど）

ＩＨ・
食洗機搬入

外部器具
取り付け

内部・外部器具取り付
け・分電盤取り付け

2 エアコン室外機を
取り付ける

隣家の窓前を避ける
など、クレームになら
ない場所に配置しよう

前後・左右・上方それぞれにメーカー指定の
離隔距離を確保し、室外機を配置する

A ≫ **P. 130**
リビングに
スイッチ類を納める
ニッチをつくる

電灯・電話の引込
みは、足場が外れ
る前に完了してお
く［84頁参照］

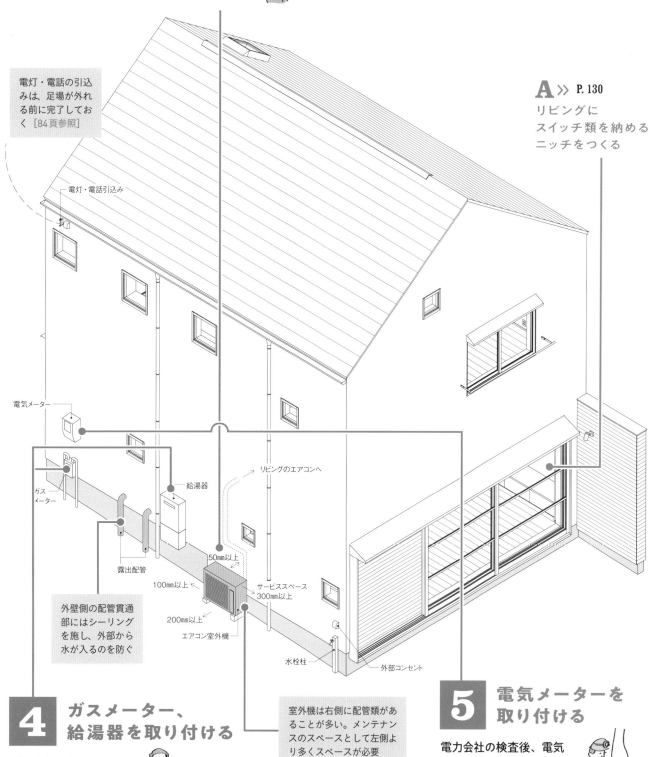

電灯・電話引込み

電気メーター

ガス
メーター

給湯器

露出配管

リビングのエアコンへ

外壁側の配管貫通
部にはシーリング
を施し、外部から
水が入るのを防ぐ

50mm以上

100mm以上

200mm以上

エアコン室外機

サービススペース
300mm以上

水栓柱

外部コンセント

4 ガスメーター、
給湯器を取り付ける

室外機は右側に配管類があ
ることが多い。メンテナン
スのスペースとして左側よ
り多くスペースが必要

5 電気メーターを
取り付ける

ガス会社の検査の後、
ガスメーター、給湯器
を取り付ける

工事完了後、
点検、点火
試験を行うよ

電力会社の検査後、電気
メーターを取り付ける

立面図に電気メーター
が描いてあると、
迷わなくていいね！

器具取り付け チェックリスト

A リビングにスイッチ類を納めるニッチをつくる

ここでは、スイッチの廻りに25mm（機器が窮屈に見えない寸法）の余白ができるように配置したことで、整然とした印象になった。ニッチの奥行きは機器がすべて納まる深さでは、影ができて逆に目立ってしまう。奥行きのある機器が少しはみ出す程度（ここでは20mm）のほうが、美しく納まる

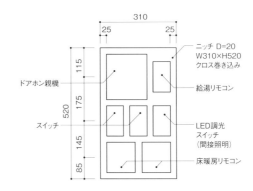

ニッチ D=20
W310×H520
クロス巻き込み
ドアホン親機
給湯リモコン
スイッチ
LED調光スイッチ（間接照明）
床暖房リモコン

ニッチ姿図［S＝1：15］

B エアコンの配管経路を構造部材と干渉させない

エアコンの配管は、梁などの構造部材と干渉しない経路とする。また、電源は目立たないよう家具用コンセントをエアコンの上に設ける

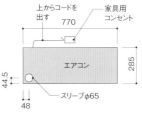

上からコードを出す
家具用コンセント
エアコン
スリーブφ65

エアコン姿図［S＝1：30］

C パイプ扇はニッチに納める

小さな機器は、壁と面一で納める。図面では、現場で間違いがないよう（偏心している機器もある）、ニッチ中心寸法ではなく、ダクト中心寸法で指示しておく

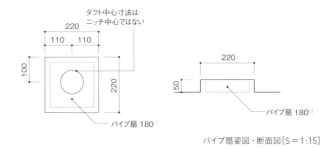

ダクト中心寸法はニッチ中心ではない
パイプ扇 180□
パイプ扇 180□

パイプ扇姿図・断面図［S＝1：15］

スイッチは建て主の好みに

上：ダイニングから階段を見る。階段へと続く開口部脇にニッチを設けた。床から1,200mm程度をスイッチ高さに設定すると操作しやすい　　［写真：新澤一平］
下：スイッチは建て主の好みに応じて、一部にトグルスイッチなどを採用。壁のアクセントにもなっている。左はトイレの照明のスイッチ。右は廊下、階段、玄関の照明のスイッチ

完成
Completed

外構・植栽

外構を設えれば完成！　木塀とウッドデッキを設けて植栽を施し、南側の前面道路と一体的に見せる。造園家と協働すれば、建築をより魅力的に見せられる。工期は約2週間。

引渡しまでに
すべてを完了

　本事例では南側の前面道路に向けて、1階にデッキテラスを設けた。掃出し窓の前は、腰をかけられる縁側。奥行きは700mmとやや広めにし、腰かけた人の後ろを人が通れるようにしている。西側の木塀の裏には奥行きを1,883mmに広げた部分をつくり、テーブルを出して家族が憩える場とした134頁**A**。

　外構工事を終えたら、確認検査機関の検査[※]を経た後、設計事務所の完成検査を行う。不具合を探し、施工者と共有する。引渡し後、不備が発覚するたびに建て主に呼び出されるようなことのないよう、完成検査でしっかり確認したい。不具合をすべて修正し、クリーニングを施し、万全な状態にして建て主に引き渡そう134頁**B**。　　　　　　　[関本]

現場に関わる人々

現場監督　　大工　　建具職　　造園家

※ 特定行政庁が検査を行う場合もある

Completed

外構・植栽

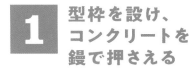

1 型枠を設け、コンクリートを鏝で押さえる

型枠を設け、シャベルなどでコンクリートを型枠に入れる。その後、鏝で押さえてコンクリートを仕上げる

型枠は基礎を
基準に
配置するよ

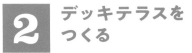

2 デッキテラスをつくる

束石の上に束立てし、その上に枠材を回す。その上に床を張り、デッキテラスをつくる

塀などに張った
水糸を頼りに
レベルを合わせる

A >> P. 134
デッキテラスが
できるまで

南側の前面道路に開くというコンセプトに合わせ、デッキテラスの高さは400㎜と低めに設定。それに合わせて、1階床のレベルなども決めている

砂利

3 門柱を立て、そこに隣接して塀をつくる

隣地境界線を確認し、門柱の位置を決める。門扉から少し離してコンクリートブロックを置き、ブロックの孔にアルミの角材を入れ、心材とする。そこに板を張って塀をつくる。門柱に合わせ、門扉を設置する

門扉は建具職が
施工するよ!

			5th month				6th month			7th month		
14	15	16	17	18	19	20	21	22	23	24	25	26

デッキテラス　外構・植栽　　クリーニング・完成検査・
設置　　　　　　　　　　　　手直し工事→引渡し

4 トネリコ、フジザクラを植える

外構が完成したら、土を入れ、バランスを見ながら植栽を配置する。デッキの脇には風にそよぐ落葉樹を植えて、季節感を演出する。小さな庭であっても、造園家と協働して作庭すれば、より魅力的な空間になる

植栽の高さ、室内からの見え方、建て主の好みなどを事前に教えてもらえると、打ち合わせしやすいね

5 完成検査を行う

チェックリストをもとに、完了検査を行う。特に建具などの可動部はスムーズに動くかを確かめる。戸袋に引き込まれた建具も見落としがち。引き出して傷などがないか確認する

生活が始まってから、建て主に傷や汚れなどを指摘されることは避けたい

B >> P. 134
設計事務所完成検査の主なチェックリスト

延焼ラインを避けるための防火壁。ここに袖壁を設けることで、南側の窓に木製建具を使用することができた

トネリコ

フジザクラ

デッキテラス

BM+110

700

BM−290

2.9%勾配

木塀

BM−440

657

1.905

13.6%勾配

コンクリート直押さえ
金鏝仕上げ

2,000

門柱

門扉

1.883

1.650

3.100

2.430

道路中心線

道路境界線

外構・植栽 チェックリスト

A デッキテラスができるまで

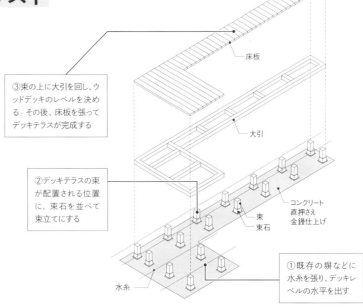

床板

③束の上に大引を回し、ウッドデッキのレベルを決める。その後、床板を張ってデッキテラスが完成する

大引

②デッキテラスの束が配置される位置に、束石を並べて束立てにする

コンクリート直押さえ金鏝仕上げ

束
束石

①既存の塀などに水糸を張り、デッキレベルの水平を出す

水糸

B 設計事務所完成検査の主なチェックリスト

設計者は、境界杭の位置を確認し、道路境界線および敷地境界線から建物四隅までの水平距離をコンベックスなどで測定し、配置を確認する

外部廻り
□コンクリート土間にクラックはないか　□外壁に汚れはないか　□縦樋に凹みはないか

サッシ
□開閉に不具合はないか　□網戸に傷はないか

玄関廻り
□玄関扉の開閉・施錠はスムーズか　□ドアクローザーの速度は適切か

内部床・壁・天井
□点検口の開閉はスムーズか　□床鳴りはないか　□仕上げ材に傷や汚れはないか
□幅木の浮き、外れはないか　□クロスの張りじまいに隙間はないか

階段
□階段の固定に問題はないか　□段板の床鳴りはないか　□手摺は適切に取り付いているか

設備機器
□設備機器が曲がって配置されていないか　□火災報知器の配置・動作確認に不具合はないか
□スイッチと照明の対応は適切か

木製建具
□建具の開閉・施錠はスムーズか　□ドアストッパー・戸当りが設置されているか
□建具のガラスはシーリングで固定されているか

収納棚・造付け家具
□棚のレール取り付けは適切か　□家具扉の開閉はスムーズか
□取っ手・手掛け・可動棚は指示どおりか　□上吊りレールや金物は固定されているか

植栽が入ると外観の雰囲気もよくなる

南側道路からデッキテラスを見る。植栽、デッキテラスがアイストップになることで、リビング奥の書棚までが実際よりも広く感じられる　　　[写真：新澤一平]

設計者と施工者の協同で
気持ちのよいリビングが完成した！

約7か月の施工を経て、設計社の頭の中にあったリビングが完成した。構造、設備、性能、意匠、すべてが調和したリビングは非常に気持ちがよい　　　　　[写真：新澤一平]

現場で喜ばれる図面の描き方

図面チェックリスト

☑ **図面間で整合性は取れているか**
たび重なる変更による、図面間の情報の不整合が発生していないか確認する

☑ **情報や仕様が漏れなく適切に網羅されているか**
設計者にとっては通常の仕様でも、初めて一緒に仕事をする施工者には分からないことも多い

☑ **直感的に分かりやすいレイアウトになっているか**
あちこちに情報が散らばっている図面は理解しにくい。同じ部位の情報はできるだけ同じ見開きにまとめる

☑ **線の太さや文字の大きさは適切か**
あまりに細い線や小さな文字は見落としの原因になるので注意

要チェック!

1 "ひっかけ問題"をつくらない

間違いがあってはならない現場において、施工者が間違えてしまいそうな表記はするべきではない。たとえば納まりがほかの部位と異なる部分など、設計者が図面を描いていると、現場で間違えそうなポイントも見えてくる。また、現場で指示をしようと思っていたのに忘れてしまうこともある。備忘録のように注記を入れて、現場の間違いを防ぎたい

2 情報をまたがせない

図面はその縮尺に応じた情報量があり、詳細な納まりなどは別途詳細図を描くのが一般的。しかし、情報が複数のページの図面にまたがると煩雑になり、修正の際に間違いや不整合が生じやすくなる。関連情報はなるべく同じ見開きのなかで網羅したい。そこがどうなっているのかのヒントを端的に示すだけでも、現場はスムーズに作業を進めやすくなる。いたずらにページを増やすのではなく、1ページの密度を高め、詳細かつ見やすい図面を描くよう心がける

3 情報は漏れなく!

展開図では表現できない部位もあるが、図面表現を工夫し、情報を網羅したい。造作などで断面構成が変わる場合は、複数の断面を描いて設計意図を明確にしておく。たとえば靴箱の棚板を示したい場合、展開図の一部に断面の情報を描き込むなど、図面にしっかりと情報を記載しておけば、施工ミスがあった際などにも修正指示を出しやすく、助けられることもしばしば

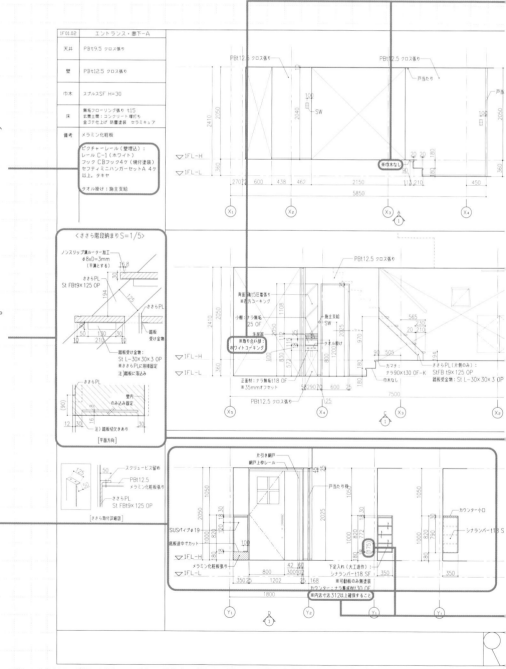

意図が正確に現場に伝わる図面を

設計者には、「描き込みすぎると見積りが高くなる」という思い違いや、「詳細は現場に入ってから決める」といった慣習から、図渡し前や現場着工前に描く図面情報をセーブする傾向がある。しかし、未定ゆえの場当たり的な設計変更を繰り返せば、追加工事が発生したり、現場の段取りが乱れたりする原因となり、結果的に建て主や現場を困らせることになる。

むろん、設計者が常に現場にいることは不可能で、職人や監督が皆いつもこまめに確認をしてくれるとは限らない。よって、設計者の意図を正確に現場に伝えるためには、図面を充実させることが大切なのだ。施工者が作業時に必要とする寸法や仕上げ、取合いなどの情報を充実させ、かゆいところに手が届く図面にすることで、施工精度が向上し、確認の手間が省け、やり直しのリスクも減る。　　　［関本］

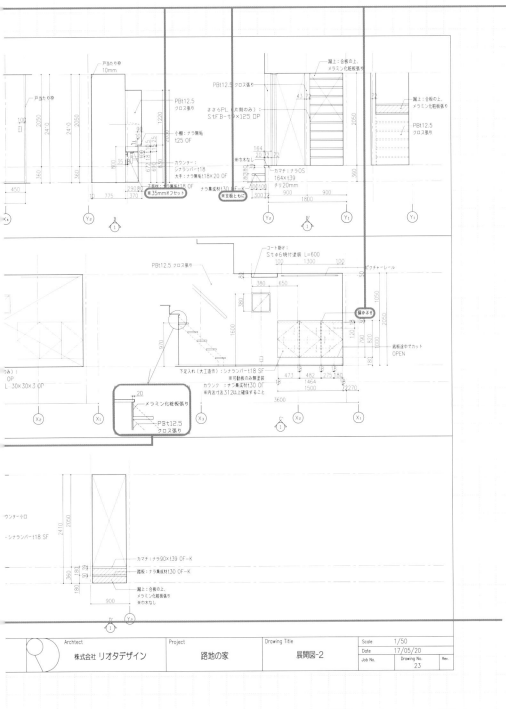

4 指定品を明示する

取り付ける金物や器具などの製品に指定がある場合は、欄外に記載する。確定していなくても設計時に想定したものがあれば、「(仮)」などの表示を添えて記載しておくと、現場も想定でき、設計者自身も設計時の意図を思い出せる。逆に、同等品でもよい場合は「〜程度」といった表記にする。また、納品まで時間がかかるものはその旨を記載し、現場に注意を促す

5 設計期間中に描き終える

内容によっては現場に入ってから検討したほうがよいものもあるが、多くは集中力が高まっている設計期間中に描ききったほうが整合性の高い図面になる。1つの情報には複数の要素が複雑に絡み合っているので、後から思いつきで変更すると、致命的な間違いにつながることもあるので要注意だ

6 守り寸法を明確にする

CAD上の作図と異なり、現場では設計寸法どおりに施工できないこともよくある。その場合、「この寸法は絶対に守ってほしい」という守り寸法なのか、現場で決めてよい成り行き寸法なのかを指示しておくと、現場は施工しやすい。成り行きで決めてよい寸法は、カッコでくくるとよい

Archtect	Project	Drawing Title	Scale	1/50	
株式会社 リオタデザイン	路地の家	展開図-2	Date	17/05/20	
			Job No.	Drawing No. 23	Rev.

建て主を現場にお連れしよう

1 地鎮祭

確認事項

☑ 窓ガラスの種類の決定

地鎮祭のときに窓ガラスの種類を確認する［※］。隣家からの視線が気になるから型板ガラスなのか、視線は気にならないから通常のフロートガラスなのか。建て主の感じ方によっても判断が分かれるので、選択には注意が必要。

地縄を張った敷地で、それぞれの窓とそこから見える眺めを共有する

2 上棟式

確認事項

☑ 屋根板金色の決定
☑ 外壁色の確認

上棟して数日～30日後には屋根葺きの工事が始まる。上棟の際に、屋根板金色などを決定する。なお、外壁施工はまだ先だが、屋根と外壁の色をセットで決めておくとよい。

この辺りで建て主にも住宅の全貌が見えてくる

建て主の現場確認スケジュール

　設計者の現場での仕事は、監理だけではない。建て主と現場状況を共有することも大切な仕事だ。建て主に現場を見てもらう意味は、大きく分けて3つある。

　まず、一番大切なのは、①スケジュールの共有。計画どおりなのか、遅れているのかが分かれば、引渡しが遅れる場合も建て主の理解を得やすい。次に、②完成イメージの共有。建て主のイメージと違ったり、変更の希望があったりする場合などは、早めに指摘してもらわないと手遅れになるケースもある。気になるポイントは「ここは大丈夫ですか?」と念押しの声掛けをしておく。

　最後に、③プロセスの共有。現場で汗を流して作業する職人の姿を目にすれば、家への愛着が自然と深まる。建て主と私たち設計者や施工者に信頼関係が生まれれば、引渡し後のクレームも少なくなる。

　ここでは、どのタイミングで建て主を現場にお連れすべきか、そのスケジュールを見ていこう。

［関本］

見学すると現場の妨げになるのでは?と、建て主が気を使うケースも多い。そんな気遣いや緊張を解きほぐすようにケアしよう。もちろん安全確保は何よりも大切。

③ 木下地工事

確認事項
- ☑ 室内の塗装色やクロスの決定
- ☑ タイルの決定
- ☑ 手摺や棚の高さなど各部位寸法の確認

仕上げ材などは設計時に仮決めしていても、現場で見ると印象がずいぶん異なることがある。現場でもう一度サンプルを見てもらうとよい。違和感があるようであれば、変更案も提示する。

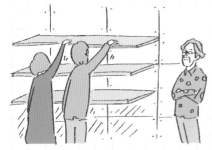

手摺や棚の高さは、実際に現場でシミュレーションして決定する。現場で一緒に決めたという事実が、建て主の満足度を上げる

④ 竣工の1カ月前

確認事項
- ☑ 外構・植栽の打ち合わせ
- ☑ カーテンやロールスクリーンの確認
- ☑ 竣工検査や、引渡し日の確認
- ☑ 内覧会実施の可否についての確認
- ☑ 表示登記手続きの手配（建て主手配または工務店手配）

足場を外したら、引渡しまでのカウントダウンが始まる。引渡しから逆算し、現場の実情を踏まえて検査の日程などを建て主と共有する。工事が遅れている場合は、ここで延長をお願いする。また入居に間に合うように、カーテンやロールスクリーンの生地や取り付け位置などの確認も行う。

竣工1カ月前を目安に、外構のイメージや植栽の種類について建て主と確認をする

⑤ 設計事務所完成検査

確認事項
- ☑ 各部の傷や汚れなどのチェック
- ☑ 仕上げの品質確認（クロスの継目、塗装のムラほか）
- ☑ 建具など可動部の動作確認
- ☑ シーリングの色や打ち方の確認
- ☑ 外構の確認

設計者にとっては軽微に思えるものでも、後に大きな問題になることは少なくない。竣工後に不具合を引きずらないため、建て主に寄り添った視点でチェックする。また進行確認も徹底したい。前日までにクリーニングを完了し、万全の状態で竣工検査を受けられるようにする。

竣工検査では設計図書どおりになっているかということよりも、建て主にとって違和感がない状態にすることが大切。傷や汚れなどがある箇所には付箋を張り、忘れずに修正を行う

⑥ 引渡し

検査後の修繕期間には2週間程度を確保したい。竣工直前で照明器具やタイルなどが欠品することや、検査後に追加で指摘事項が挙がることも多いためだ。また2週間余裕があれば、引渡し前に内覧会を終え、植栽まで整えて引渡すこともできる。仕上がりの9割までは比較的スムーズに進められるが、残りの1割の精度を上げるにはとても手間がかかるということを肝に銘じたい。ここを甘く見ると、せっかくここまで積み上げてきた信頼が最後にクレームの嵐で崩れることになる。良好な関係で着地できるように心を配る。

提案力が建て主の満足度を上げる

B5判以下ならすべての棚に収納可能

棚1段の高さは300～370㎜。奥行きは220、230、270㎜の3種類。B5判（182×257）以下のサイズであればすべての棚に収納可能。破線部には着脱式の棚板を増やすこともできる

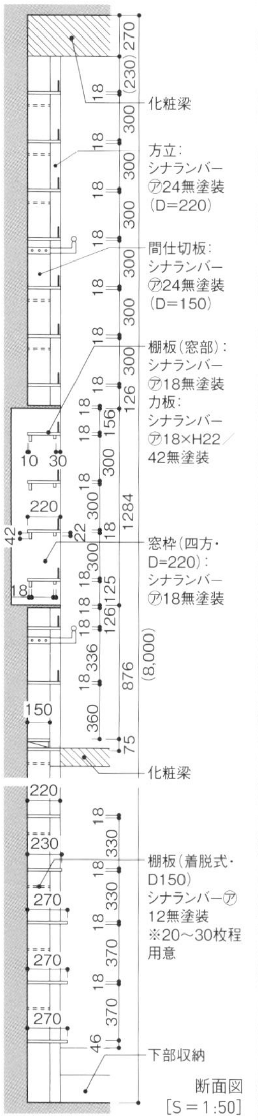
化粧梁
方立：シナランバー㋐24無塗装（D=220）
間仕切板：シナランバー㋐24無塗装（D=150）
棚板（窓部）：シナランバー㋐18無塗装
力板：シナランバー㋐18×H22／42無塗装
窓枠（四方・D=220）：シナランバー㋐18無塗装
化粧梁
棚板（着脱式・D150）シナランバー㋐12無塗装
※20～30枚程用意
下部収納

断面図［S＝1:50］

本の落下防止ステー

吹抜けに本棚を設けた際の懸念は、地震時、階下に本の雨を降らせてしまうことだ。ここでは、落下防止ステーを設け、それを防いでいる。T字形に溶接加工した鋼棒の横棒を、まず左右の間仕切板の穴に挿入。その後、鋼棒をしならせて縦棒を下部の穴に差し込み、ステーとした。鋼棒は、必要強度を保有し、かつしなりのあるφ6㎜

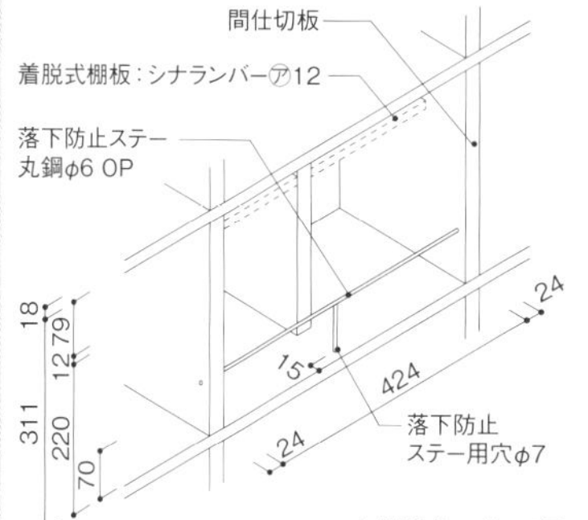
間仕切板
着脱式棚板：シナランバー㋐12
落下防止ステー
丸鋼φ6 OP
落下防止
ステー用穴φ7

本棚部分アイソメ図

吹抜けは心々で1,380㎜

吹抜けのスパンは一般的な910㎜ではなく、やや広めの1,380㎜。これは下階から本棚を見上げた際にも本が見えるように考慮したもの

キャスター付き床収納

本棚の足元には、キャスター付きの収納庫を設けた。1,303㎜の奥行きで収納力を確保している。本棚の「見せる収納」と対をなす、貴重な「隠す収納」［104頁参照］

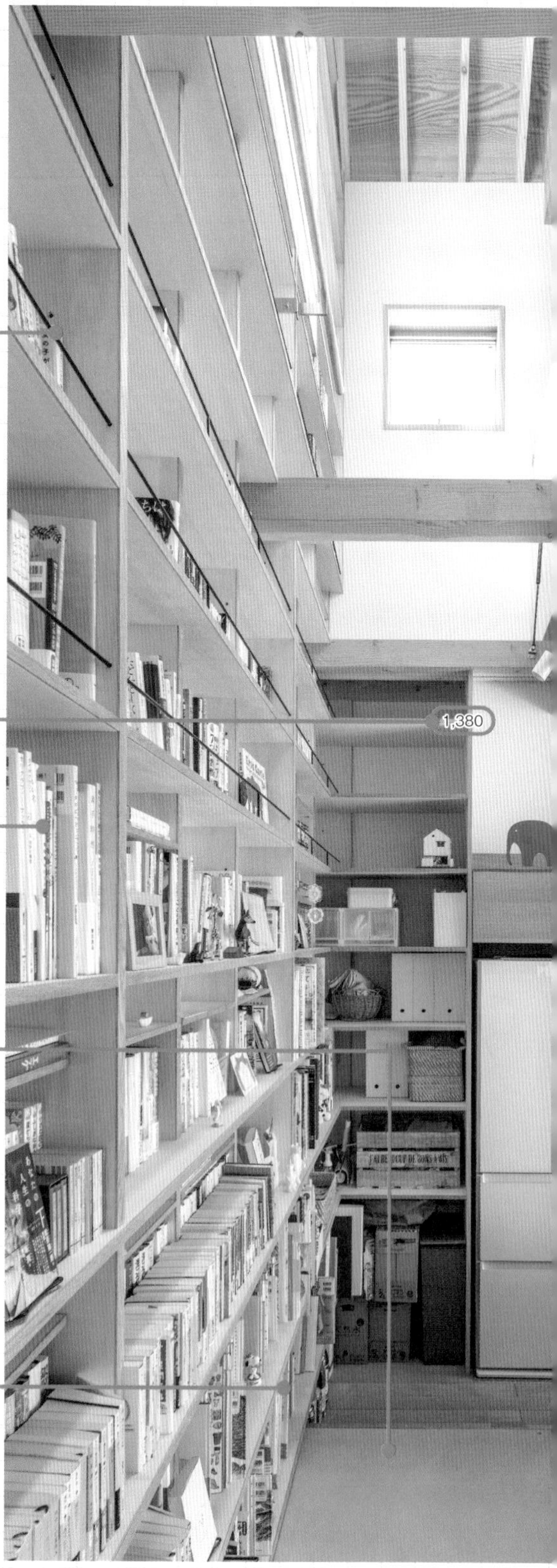
1,380

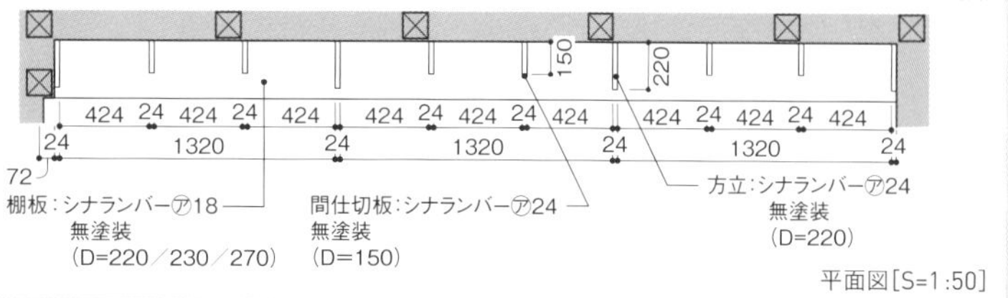
棚板：シナランバー㋐18無塗装（D=220／230／270）
間仕切板：シナランバー㋐24無塗装（D=150）
方立：シナランバー㋐24無塗装（D=220）

平面図［S=1:50］

方立で強度を確保する

本棚の中間に2カ所、天井から床まで通した奥行きが深い（220㎜）方立を設けて、本棚の強度を上げている

要望の8割は同じ
残り2割に個性が宿る

ここまで、意匠設計者の視点で現場監理のポイントを紹介してきた。ではここで、改めて確認したい。「我々は何を目的に仕事をしているのか?」。

設計者の仕事は、唯一無二の住宅をつくること。しかし実際には、建て主からの要望の多くはごく一般的なものである。たとえば快適な温熱環境、たっぷりの収納など。極論すれば要望のうち約8割は誰もが求める同じようなものなのである。よって、設計者にとって大切な役割は残りの2割にあるといっても過言ではない。

本事例でのその「2割」のうちの1つが、大きな本棚だった。建て主はブックデザイナーで、数千冊もの蔵書が収まる「壁に目一杯の本棚をつくってほしい」と依頼された。はじめは1層分の壁一面の本棚だったが、視覚的なインパクトを求め、最終的には3層吹抜けの本棚となった。

建て主が気づいていない、もしくは、建て主の潜在的な個性が隠されている「残り2割」の要望を引き出し、建て主の想像を超える提案ができれば、満足度は必ず高まるはずだ。　　　　　　　[関本]

唯一無二の住宅を提案することが、建売住宅などとの差別化にもつながる

本棚用の照明
化粧梁に、本棚を照らすスポットライトを設ける。配線は2階の床フローリング下に合板を捨て張りし、合板どうしの隙間を通す[100頁参照]。化粧梁には通線用の孔をあけた

写真:新澤一平

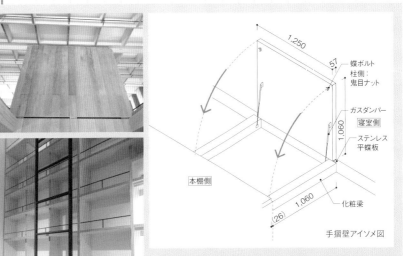

手摺壁アイソメ図

可動式の手摺壁で2階からも本を取れる
2階吹抜け面の手摺壁は倒せば床になる。これにより本棚の上段にある本を取れるようにしている。ただし、手摺壁は1枚当たり30〜40kgと重いので、開閉を助けるためのガスダンパーを用いた。メーカーと詳細に打ち合わせ、操作の際に最も重量を感じない支点位置とし、操作重量を最大6〜10kg程度に抑えた。それより上にある本は可動式のラダーを使って取る

足場	027・045・084・089・113・129・139
アスファルトルーフィング	053・069
アルミアングル	119・122
アンカーボルト	024・026・028
エアコン	027・099・125・127-130
階段	090-094・134
家具工事	107-108・123-126
隠し金物	038
換気扇	078・099・128
木摺	079-082
基礎荷重	019
基礎断熱	027-030
給湯管	076
管柱	032
グラスウール	049-050・071-074
グラスファイバーメッシュ	080
クロス	098・103-106・108
	112-118
玄関モルタル	109
構造露し	038-039・043・046-047・102・104・114
構造用面戸	043-046
コンセント	075・126-127・130
砕石地業	019-020
下がり壁	096
下がり天井	114・118
左官	083・103・114・118
左官定規（さかんじょうぎ）	086
サッシ	055-058・063-066
	079・082・084-086
シーリング	079・082・121・129
地杭	016
支持層	014・019
下地処理	108・111・112・116
地鎮祭	138
地縄	015-018
地盤調査	014
上棟	032・034・038・044・138
植栽	132・134・138
スイッチ	130・134
SWS試験（スウェーデン式サウンディングしけん）	014
捨てコンクリート	021
設計GL	015-018
設計事務所完成検査	134・139
石膏ボード	093・095・097・103-106
	112・115-118
大工造作	105-107・108・110
耐力壁	026・034・046・059-062
タイル	106・117-119・121-122
建具	065・121・123-126・132
タンパー	023
チリ	095・098・111-112・114
通気胴縁	048・051-052・068・070・082
ツーバイ材	035-038・044・046
吊木	100・102
デッキテラス	085・131-134
電気配線	074・076・102・125
天井懐	031・035・121
透湿防水シート	047-048・054・066-068・082
通し柱	032
トップライト	051-053
トランシット	016
生コン	014・023・026
2項道路	012・014
二重垂木	045・047-048・050
根切り	017・019-020
根太レス工法	028・031・034・036・041
野縁	068・099・102・112
配筋	019・021・022-024
排水管	024・075-078・114
バイブレータ	023-025
羽子板ボルト	036・038・040
パテ処理	112・114-118
幅木	095-098・117・134
梁受け金物	038
板金	051・053-054・067・069・070・083-086
搬入経路	011-014
引きボルト	036・038・040
引渡し	075・077・131-138
庇	067-070
吹付け仕上げ	083・086
ブラケット	075-076・119・122
フローリング	035・087-090・093・097
分電盤	074
ベタ基礎	026・031
ベンチマーク	017
ベントキャップ	084
防湿フィルム	019-022
まぐさ	055-058
マスキング	083-086
窓台	055-058・063・065-066・074
間柱	055-058・092・096-097・100
	103-108・110
見切材	083・086・106・111-114
目透かし	111・114・119-122
木枠	095-098・111・114・124
モルタル	025・079-082
屋根断熱	047
遣り方	015-017
床倍率	034
ユニットバス	075・078・119-122
ラス	079・082
ロフト	039-042

まるごと1棟分の美しい図面と写真でデザインの極意を学ぶ！

デジタル図面集の使い方

☑ 1棟分の図面とともに、
その仕上がりも美しい写真で確認できる！

☑ 1棟分の
全面図を印刷できる！

簡単！ DVDの操作方法

※「PC版」フォルダには、「路地の家」ファイルのほか、印刷用図面一式
（「print」フォルダ）と写真一式（「photo」フォルダ）が入っています

DVDを開くと、デジタルブックを利用する端末ごとに分類されたフォルダ（PC版・タブレット版）が表示されます

利用する端末に該当するフォルダをクリックすると、デジタルブックの入ったファイル「路地の家.pdf」が表示されます［※］

1ページ目の「図面リスト」は、それぞれの図面・写真とリンクしています。見たい項目をクリックすれば、該当ページが開きます

パソコンで閲覧する場合

「PC版」フォルダにある「路地の家」ファイルを、Adobe Reader XI／Adobe Acro-bat Reader DC で開くと、デジタルブックが表示されます

タブレット端末で閲覧する場合

「タブレット版」フォルダにある「路地の家」ファイルを、タブレットに転送し、iBooks／Adobe Acrobat Readerで開くと、デジタルブックが表示されます

図面・写真のアイコン凡例

≡ 図面リストを
開きます

↩ 写真と関係のある
図面を開きます

📷 写真を
開きます

🖨 全ページまたは開いているページを印刷します。出力紙には、アイコンはすべて表示されません

注意事項

PDFファイル「PC版」フォルダごとにハードディスクにコピーして利用できます。Windows OSで、以下のような警告が表示される場合は、「許可」を選択してください。「C：￥」にコピーすることによって、回避できる場合があります。

動作環境

PC版	OS	Microsoft Windows 7 以降 Mac OS X v10.6.8 以降
	必要な アプリケーション	Adobe Reader XI Adobe Acrobat Reader DC 以降
タブレット版 （iOS）	OS	iOS 8.0 以降
	必要な アプリケーション	iBooks 4.4 以降
タブレット版 （Android）	OS	Android 5.0.1 以降
	必要な アプリケーション	Adobe Acrobat Reader 19.0 以降

本DVDの利用にあたって

・本DVDは「詳細図解 木造住宅のできるまで」をご購入くださった方が使用するためのものです
・本DVDに収録された図面および写真はすべて著作権法により保護されています。本DVDは収録図面を閲覧し、設計手法の

学習に役立てることを目的としています。個人が本来の目的で使用以外の使用は認められません。また、収録された図面および写真を、弊社および著作権者に無断で譲渡、販売、複製、再配布することなども法律で固く禁じられています
・本DVDに収録されたデジタルブックを利用したことによるいかなる結果に対しても、弊社ならびに著作権者は一切の責任を負いません。利用は使用者個人の責任において行ってください
・本DVDに収録されたデジタルブックを再生するためのOSや再

生ソフトなどは、本DVDには含まれていません。必要なものを別途ご用意ください
・使用者のマシン環境やOS、アプリケーションのバージョンなどにより、データの一部または全体が正しく表示されない場合があります。ご承知ください
・本DVDに収録している図面は、施工上の都合により実際に建てられた建築物と異なる場合があります。ご了承ください
※以上の条件に同意された場合のみ、本DVDを使用できます

執筆・監修

関本竜太［せきもと・りょうた］
———
リオタデザイン

1971年埼玉県生まれ。'94年日本大学理工学部建築学科を卒業し、'99年までエーディネットワーク建築研究所に勤務。2000年〜'01年フィンランドのヘルシンキ工科大学（現アアルト大学）に留学。帰国後、'02年にリオタデザイン設立。2008年〜'20年日本大学理工学部建築学科非常勤講師。著書に『上質に暮らす おもてなし住宅のつくり方』（エクスナレッジ）、『伝わる図面の描きかた』（学芸出版社）などがある

P14・19・23・26・34・38・46・59・62〔山田〕表記箇所執筆
山田憲明［やまだ・のりあき］
———
山田憲明構造設計事務所

1973年東京都生まれ。'97年京都大学工学部建築学科卒業。同年に増田建築構造事務所入所。'12年山田憲明構造設計事務所設立、早稲田大学大学院非常勤講師。著書に『ヤマダの木構造』（エクスナレッジ）などがある

詳細図解
木造住宅のできるまで
———————————————————

2021年8月23日　初版第1刷発行

著　者　関本竜太
発行者　澤井聖一
発行所　株式会社エクスナレッジ
　　　　〒106-0032　東京都港区六本木7-2-26
　　　　https://www.xknowledge.co.jp/

問い合わせ先
編集　Tel:03-3403-6796／Fax:03-3403-0582
　　　info@xknowledge.co.jp
販売　Tel:03-3403-1321／Fax:03-3403-1829
———————————————————